ネット集客でお客様を集めるにはどうすればいいですか？

株式会社 感動集客

はじめに
同業者の方が嫉妬するぐらいのネット集客を望まれる方へ

中小企業の方のWebサイトをはじめ、個人事業主の方が作ったブログの大半が安定したアクセスが集まらないと悩まれています。

この本を手に取って頂いた方のお悩みも「安定したアクセス」でしょうか？

しかも、なるべくお金をかけずにネット集客が出来たら……ですよね？

これまでも数々のネット集客本を手に取られたご経験がおありなら弊社の本にもあまり期待をされていないかもしれませんね。

だいたいの理由は分かります。なぜなら、ほとんどが同じことしか書かれていないからですよね？

Ｗｅｂサイトの更新をおろそかにしているからだ、毎日記事を書いていないから、キーワードがズレている、ＳＥＯ対策をしていないから、ソーシャルメディアを使いこなせていないからなど。
アクセスを集められない理由を挙げればキリがないぐらい出てきますし専門的な用語を使われてもよく分からないかもしれません。

そんな中で日頃から感じることは「根本の原因は何なのか？」
それを知りたいはずだと思いますが、いかがでしょうか？

ご挨拶が遅くなりました。（株）感動集客の松野と申します。
弊社は中小企業や個人事業主の方のネット集客全般のコンサルティングをさせて頂いています。

例えば、企業の方からコンサルティングのご依頼を頂くときって大半が同業者さんからの乗り換えです。

実際に足を運んでお話を聞いてみますと、正直なところ、ひどい内容です。

何を手直しされようとしているのか？　その意図すら見えないぐらいです。

つまり、押えるべき基本が出来ていないのです。

この本で、僕があなたに伝えたいことは、何が原因で、何をしてこなかったから

Ｗｅｂサイトやブログのアクセスが安定しないのか？　をなるべく分かりやすく

お伝えしていくつもりです。

そこだけを理解して頂けるのならば、他の章は読まなくてもいいぐらいです。

おそらく、僕が一番伝えたい内容に触れている本はありませんし

ここまで細かく噛み砕いているネット集客本は他にないと思います。

色々な集客本を読まれた方なら分かるかもしれませんが、
ほとんどが表面的な話ばかりです。それでは意味がありませんよね？
しかし、ご安心ください。

今からでもアクセスを安定させることは充分に可能ですから
本気で読んで頂けると僕も嬉しいです。

同業者が嫉妬するぐらいアクセスが集めたいのならば、
この本の中で僕が伝える内容を元に、今のＷｅｂサイトやブログを
根本から見直していくしかありません。

それらを一つずつ改善していけば、ほとんど広告費をかけなくても
ネット集客はうまくいきますので、大丈夫です！

～こういう部分で悩んでいませんか？～

◆Webサイトやブログを作ってみたいけど、何からはじめたらいいのか？全く分からない
◆個人でお店を経営していてWebサイトの運営はしているけれど新規顧客が集まらなかったり、問い合わせのメールすらこない
◆ネットコンサルティングをお願いしてSEO対策に高い費用をかけたり、リスティング広告の代行までやってもらっているけれど費用対効果を得ることが出来ていない
◆商品販売した後のリピーター化が全く出来ずに困っている
◆アメブロが店舗集客や販売に向いていると薦められたので、毎日記事を書いてはいるけれど成果が出てこない
◆長年 facebook をやっているけれど、ただやっているだけでどうやったらビジネスに繋げることが出来るのか分からない
◆毎日メルマガを書いているけれど商品が売れない

なんとなくでも、これらの疑問や、悩みが一つでも当てはまるのでしたら今は、どこにでもあるような集客本……と、思われているかもしれないこの書籍があなたの人生を変える「キッカケ」になるかもしれません。

良い意味でも、悪い意味でも、インターネットが秘めている力は、ご存じの通り凄まじいものがありますので、人によっては賛否両論あるかもしれません。

ただ、今の時代を生きる僕達は、何事においてもインターネットを通じて、仕事に活かしたり、コミュニケーションをとったり、何かを調べたりして毎日を生きています。

大切なのはどう使うかよりも「誰」に対してあなたがどう使うかなのです！

目次

はじめに　3

序　章　ネットを活用しても集客が出来ない理由

楽に稼ぎたいという甘い考え方は捨てる　14
Webサイトやブログは、思い込みや先入観で作らない　20
ネット集客の王様は、ソーシャルではなく検索エンジン　22

第1章　設計図の重要性

Webサイトに見込み客を集めるための設計図　30
自分の強みを見つけるためにブレインダンプを行う　31
既に売るもの・提供できるサービスがある方の場合
（美容室や飲食店を経営している、通販ショップの運営）　32

全体の市場・競合・ターゲットの悩みをリサーチ 41
調べて照合した内容を「マインドマップ」で全体図にまとめる 64

第2章 Webサイトを強固な媒体にする

TOPページに書くべき内容とは？ 74
魅力的なタイトルの付け方と検索エンジンに好かれる説明文 80
記事の書き方と色の使い方 98

第3章 デザインの基礎を学ぶだけで差別化

最初の三秒ルールがあることを知る 110
訪問者のためにキーカラーを決めること 111
画像（写真）には目的意識を持つ 113
フォントは雰囲気を伝える役割 116

ヘッダーとキャッチコピーが第一印象を決定づける 118
GIMPを使ってオリジナル画像を作ろう 125

第4章 ソーシャルメディアの活用方法
アメブロをメインで運営するときの注意点 132
アメブロからWP（ワードプレス）に引っ越すべきなの？ 135
アメブロで集客したいなら独自の機能を活用する 139

第5章 リピーターを生み出すメルマガの有効な活用法
メールマーケティングのスペシャリストから学んだこと 160
絶対数を増やす努力が必要な理由 167
関係の維持を保つためにあなたがやるべきこと 176
まぐまぐの配信スタンドより、独自配信スタンドを選ぶ 184

高単価の商品やリピート率を生み出すステップメール　188

最終章　非効率の先に生まれるものが「新しい価値」

四つの柱を組み立てるのは等身大のあなた　206

あとがき　210

序章

ネットを活用しても集客が出来ない理由

楽に稼ぎたいという甘い考え方は捨てる

当時、サラリーマンだった僕が目にしたあるネット教材の話です。

「今から三〇分以内に、あなたの口座に五〇万円が振り込まれる方法」

「楽に稼ぎたいな」と甘い考えだった僕が、何度も財布と相談をして不安と期待に胸を膨らませながら買ってしまった二万九八〇〇円のノウハウです……

「これさえあれば……」と期待を膨らませながら購入したファイルを開いた所、その中身に驚愕しました。

「あなたも、このファイルを元に誰かに転売してください」という内容でした。

この時に受けた衝撃は今も忘れられません。

インターネットのビジネスは、こういう風にやらないとダメなのか？　と完全に勘違いをしてしまった僕は、こういう情報にハマって何度も同じ経験を繰り返してしまいます。

若い頃に、こういう経験をしたからこそ今があるのですが、簡単に、誰でもすぐに集客が出来る！　とは謳《うた》いません。

なぜなら、「非効率なこと」をやらないとうまくいかないからです

エッ？　と思われるかもしれませんが、最初がとても肝心だからこそあえて非効率という言葉を選ばせてもらいました

インターネットの世界になると、途端に表面的な部分だけを

知りたがる方が非常に多く、根本を学ばない状態でやられます

そして「アクセスが集まらない、よく分からない、難しい」と言われます。

これは初心者でも、多少知識がある方でも同じです。

なぜだと思いますか？　ポイントは根本の部分になるのですが、はじめに、どういう風なWebサイトやブログにしていきたいのかの準備が出来ていないからなのです。

「いや、ちゃんとイメージはしているだけど……」

「先方と打ち合わせはしっかりしているのだけど……」

お気持ちはとてもよく分かります。しかし、それが表面的なんです。

なんといいましょうか、依頼側も、受ける側もざっくり過ぎです。

なら、僕から質問をさせてもらいます！

Webサイトやブログを作るときに全体図を作られたことがありますか？

計画表のことではありません。

どんな強みがあって、どんな市場があって、どんな人がいるのか？

そして、どんな検索キーワードで集客して、何を伝えるのか？

こと細かく調べて全体図を描けていますか？

これは依頼側、受け側のどちらも把握しなければいけません

もちろん、ネットからの集客が出来ないと悩まれている依頼側が気づいていないことが八割ぐらいなのですが、受け側が提案しないといけないことでもあります。

仮に提案をするとしても、ネットコンサルをしている人間が見るのは集客が出来ていないWebサイトやブログのキーワードが先です。

要は「検索されないキーワードを使っているから、アクセスが来ないんです」と依頼側に伝えたいんですね。もちろん、これは間違いじゃありません。

ただ、本来ネットコンサルをしている人間がアドバイスすべき部分は、

依頼側の強みがニーズとマッチしているか？

それが競合相手と戦える部分か？　このあたりから確認をしていかないといけません。

これからネット集客に悩まれるあなたのために、この本を通じて基本的な所からコンサルティングをはじめていきます。

Ｗｅｂサイトやブログを通じて本気でライバルと差別化されたいなら、楽に！　簡単に！　の考え方は捨ててください。

この本では全体図のことを「設計図」と呼びます。
なぜ、この設計図を用意しないとうまくいかないのか？

逆に言うと、設計図を作り上げてからはじめていけばあなたのWebサイトアクセスは安定していきます。

それだけではありません。ぼやけた見込み客層ではなく、こういう人に来てもらいたいという明確な見込み客を集めることが可能です。

設計図を作り上げるまでの作業は、正直面倒だとは思います。
ただ、気づけなかった部分に気付くことが出来るメリットは大きいのです。

今はぼんやりでも構いません。「設計図を作らなければいけない」、このことだけを覚えておいてください。

Webサイトやブログは、思い込みや先入観で作らない

なぜ？　集客が出来るページと、集客が出来ないページがインターネットの中には存在してしまうのでしょうか？

答えは、勝手な「思い込みや先入観」で作られているからです。

＊思い込み（勘違いや早とちりのイメージを正しいと思っている）
＊先入観（相手のイメージや印象を作ってこんな人と決めてしまう）

自分を表現するだけのＷｅｂサイトならそれでもいいかもしれませんが、思い込みや先入観だけで作ってしまう内容だと、安定したアクセス以前に本来集めるべき「見込み客」すら集めることは出来ません。

少し専門的なお話になりますが、この状態でSEO対策を施したり、リスティング広告に費用をかけていてもうまくいきません。

はじめの段階で、なんとなくこんな感じ……という先入観だけで作ったり、自分の思い込みを優先して自己満足で終わっているケースが多いからこそ原因が別の所にあると勘違いをしてしまいます。

デザインを強化してみたり、いつも以上に記事を一生懸命書いたり、ということに意味がないとは言いませんが、見直す部分が違います。

もっとこういう風にしたい、これの方が伝わると思うなども思い込みですし、なんかインパクトが足らないなという感覚も同じです。相手にとってインパクトがあることが大事なのですから……。

思い込みや先入観を、取り去ってから考えていきましょうね！

ネット集客の王様は、ソーシャルではなく検索エンジン

ツイッターやfacebookなどのソーシャルメディアを使うことが今は当たり前になりました。少し前のことを考えると信じられませんね。

ソーシャルメディアを活用してWebサイトへの集客を成功させている方も非常に増えてきました。しかし、あくまで人が集まっているうちの話です。

ソーシャルメディアを活用してネット集客を成功させている方は一握りです。

ツイッターをはじめてみたけど集客に繋がらない、今度はアメブロが良いらしいからアメブ

ロをはじめよう、結果は思った以上にアクセスが集まらない……。
アメブロはダメだったから、今度はfacebookで集客をしよう！
これでうまくいけば、自分のアメブロにも集客できるはずだと、
同じことを繰り返している方が、大半を占めているのが現状です。
最近では、色々な所で開催されているfacebook集客セミナーに
足を運ばれている光景を目にする機会も多くなりましたが、
果たして、その中で何割の方が、新規客を集めることが出来て
その後のリピーターに繋げられているのでしょうか？
表面上のテクニックだけを知ったとしても、本来の目的に届かなければ
全く意味がありません。

もしも、明日からアメブロや、facebookがなくなったらどうしますか？
どうやって費用を抑えながら宣伝をはじめ、特別な告知を届けますか？

今後、どうやって新規客となる見込み客を集めて、
リピーターを生み出すのでしょうか？

そんなことはないと思われるかもしれませんが、mixiバブルのときに
当時の利用者が、今のようにこれほど減少するなんて、
誰も予想できなかったと思います。

今のように「ながらスマホ」をする人が、これだけ増えるとは一〇年前だったら誰も予想することは出来なかったはずです。

よろしいでしょうか？　表面的な部分だけで、ああすれば良い、こうすれば良いと言われている集客本は、僕の本棚にもたくさんありますし、

ソーシャル系のセミナーは、毎週どこかで開催されています。

ツイッターも、アメブロも、facebookもうまく活用しないといけませんが、人が集まらなくなりはじめたら活用する理由がなくなっていきます。

勘違いしないで欲しいのですが、ソーシャルが悪いということではなく、むしろ大いに活用すべきです。ただネット集客のほとんどをソーシャルに頼りすぎていると、人が集まらないメディアになったときが厳しくなります。

検索の王様、人が集まるメディアの王様はヤフーとグーグルなのです。

基本はヤフーやグーグルの検索エンジンから集客が出来るWebサイトに育てた上で、ソーシャルメディアを有効に活用していかないといけません。

さきほどもお伝えしたように、検索エンジンからの集客が難しくて、ソーシャルメディアを活用したらうまくいった事例は沢山あります。
ただ、ずっと続くことはありません。

ずっと続けるのならば、「検索エンジンからの集客を基本スタイル」にしないといつまでも流行に振り回されてしまうばかりです。

序章のまとめ

●はじめの頃は楽に！　簡単に！　の甘い考え方は捨てる。

●Webサイトは思い込みや先入観で作らないことを知る

●ソーシャルメディアに頼り過ぎない。基本は検索エンジンからの集客

第1章

設計図の重要性

Webサイトに見込み客を集めるための設計図

ネット集客や販売がうまくいっていない方の多くが設計図を描かずに、自分のイメージや思い込みでWebサイトを作っているケースが大半です。
そうなると、自分の現在地が分からなくなってしまい、どこから手直しをすれば良いのかが、分からなくなります。

これから見直す方も、新しくスタートする方も、まずは底辺の部分からはじめましょう。
設計図を作り上げるまでの過程を通じて、
どんなWebサイトを作ればいいのか？　今まで以上に明確になりますから
これからの作業自体にブレがなくなります。

それでは設計図を起こすためには、何からはじめていけばいいのか？　を

これから一つずつ噛み砕きながら簡単にご説明していきます

自分の強みを見つけるためにブレインダンプを行う

ブレインダンプをご存じではない方もいらっしゃるかもしれませんので簡単にご説明すると、頭にあるものを明確にするために行う作業です。

弊社に、コンサルご依頼のクライアントさんのＷｅｂサイトを作るときは、必ず事前にヒヤリングしてからブレインダンプを行って頂きます。

現時点で全く反応がないのでしたら、一つずつ修正をするよりも、新規でリニューアルした方が良いときも多々あるからです。

ブレインダンプを知らない方にとっては難しく聞こえるかもしれませんが、全くそんなことはありませんのでご安心ください。

ブレインダンプを行うために必要なのは、Ａ４ノートやパソコンやスマホのメモ帳があれば出来る作業です。

既に売るもの・提供できるサービスがある方の場合（美容室や飲食店を経営している、通販ショップの運営）

自分たちの「強み」って何があるかな？　を、箇条書きで構いませんので、ノートやメモ帳に書きだしていきます。難しく考えないでくださいね。日頃から「うちはココは負けない！」と感じることを書きだしていくだけです。

例えば、飲食店のオーナーさんが、ブレインダンプをするのであれば

◆野菜のドレッシングがオリジナルで美味しい、
◆個室の部屋が五つある、
◆深夜の○○時まで営業をしている、
◆料理の数が五○種類と豊富、
◆女子会のサービスをやっている、
◆店のトイレが綺麗、
◆空気清浄機を置いている、
◆車を四台停められる駐車場がある、
◆毎月○曜日はドリンクサービスを付けている、
◆名酒を取り揃えている、
◆子供の遊び場を設けている、などを書き出してみます。

外の世界に目を向けることも大切ですが、まずは内側の部分にあたる自分のお店や、自社製品の強みが何か？　お客さまにどんな価値を提供できるのか？　を書き出していきます。

注意点として「単語」だけを書き出すのは、具体性がないのでNGとします。

さきほど書き出した　◆野菜のドレッシングがオリジナルで美味しい、などが、本当は伝えたいことなのに

◆野菜、とだけ書いても、野菜の何について伝えたいのか？

あとから自分が分からなくなりますので、具体的に書き出していきましょう！

ブレインダンプに終わりの目安はありませんが、

「もう、これ以上はさすがに出てこない」という所に達するまでいきます。

書き出している間は、内容の重複は気にしなくてかまいません。

とにかく頭の中にあるもの、相手に聞いたら何を言うだろうか？　など。

色々な視点から書き出してください。

仮に、もうこれ以上は出ないとなっても、また翌日になると
ポンッと出てくるものですから大丈夫です。

目安はないと書きましたが、二〇〇以上は出して頂きたいですね。
こう伝えると「二〇〇も出ない」と言われる方がいらっしゃいますが、
それはアウトプット能力を使い切れていないだけです。

色々な視点から、強みや差別化できる部分を見つめ直していくと
必ず新しい発見や気づきが生まれます。

これが設計図を作るための最初のスタートになりますので、真剣にやってみてくださいね！

非効率に感じるかもしれませんが、ほどんどの方々がやっていません。
だからこそ、チャンスだと思ってください。

ネットには無数にWebサイトが存在しています。しかし、

「何となくホームページやブログを作っておかないと」

「会社を経営しているから、自分はお店を構えているから」

「とりあえず形だけでも綺麗にして作っておかないと格好がつかないから」

など見栄で作っているだけがほとんどです。

しかも、この状態でネット集客したいと思われている方も多いのです。


どれだけ競合店が多い業界でも、差別化が出来る部分を見落としているだけで隙間は必ずあります。


だからこそブレインダンプをして「持ち味」を見つけていくことからなのです。

そこを強みとして出していけば、競合店の多さは特に関係ありません。

インターネットの力を借りて抜きん出ればいいのですから……。

ネットで見てからお店を訪れたり、商品を購入する力は凄まじいものがあるのです。

だからこそ、インターネットに公開するWebサイトは、自分の顔になるぐらいの気持ちで愛情を注いでいく価値があります。

できる！　できない……と、自分の固定概念で決めつける前に、やっているのか？　やっていないのか？　の違いなのです。

ブレインダンプの作業にお金は一円もかかりませんよ。

お金は一円もかからないのに、忘れていたこと、新たな気づきを見出すことができるのですから、結果を見てもメリットしか残りません。

知らない方も多いかもしれませんが、社内ミーティングに「ブレインダンプ」を取り入れている企業もたくさんあります。

月一度の会議などでは、会議前日に、今の現状に対して各部署のチーム全員が自宅でブレインダンプを行い会議当日に、今まで見えていなかった部分を話合い、来月の取り組みにされている所だってあります。

自分の可能性を知るためにも、自分が忘れていたことを思いだすためにも、ブレインダンプは必ず役に立ちます。

日頃から目に見えない部分を綺麗にしておくと、普段から目に見える部分が更に綺麗になるものです。

ブレインダンプは集客だけではなく、自分が普段から頑張っている仕事にも生かすこともできます。

定期的にブラインダンプを行うことで、アウトプットをする能力が高まるのでアイディアも浮かびやすくなるのです。

余談ですが、ブレインダンプをやってきたクライアントさんは、みんなうまくいっていますので、クライアントさんや仲間の声を覗いてみてくださいね。

クライアントさんの声

海外旅行のコーディネーターの北岡久人と申します、
松野さんとは、三年ぐらいの付き合いになります。
昔からブレインダンプのやり方は知っていましたが、
真剣にやったことはなかったです。
実際にやらなければいけない状態になったときに、イチからやってみた最初の印象は、
自分の頭の中で考えていることが文字を起こしてみるとよく見えるようになって
非常に気持ち良かった覚えがありました

ただ、あるテーマについて自分なりにすべて絞り出したイメージでしたが、はじめは五〇項目ぐらいしか出ず、恥ずかしいぐらいできていませんでした。しかし、経験上最初はそこからで良いみたいです。

自分が考えてること、やらなければならないと思っていること、望んでいること、欲しいと思っていることなどなどを書き出してみると、少しずつ具現化ができて、それを整理することにより思わぬ発見があったり、アイデアがひらめいたり、やるべきことの優先順位の間違いに気づいたり、何よりもスッキリしました。

このすっきり感がすごく気持ちよくて、今は何かをはじめる度に必ずやっています。考え方を整理するためには、なくてはならない方法になっています

今では、簡単なテーマでも一〇〇ぐらいはすぐ絞り出せるようになりましたし、

もっと出せる気がしています。
書き出した全く異なるものが繋がり、
新たなアイデアや発想につながる場合ができます。
これもブレインダンプの良い所だと思います。

全体の市場・競合・ターゲットの悩みをリサーチ

ブレインダンプを行った後は、リサーチをしていきながらマッチング作業をします。
ブレインダンプで書きだした内容の一つずつを実際にニーズがあるのか？
人がどんな部分で悩んでいるのか？　そこを徹底的に調べて照合していく作業です。

自分が提供できること・伝えたい内容 ＝ ニーズ側の悩み・相談

こうなっているか？

これからリサーチをしてマッチしていくものが、Webサイト内で発信する内容です。

逆に自分が提供できることと、ニーズ、求められているものがイコールにならないときは、ニーズの方に合わせます（エクセルにメモをしていきます）。

自分が提供できること・伝えたい内容 ≠ ニーズ側の悩み・相談内容

この場合はニーズの方に合わせる

調べても対応が難しそうであれば、外してもＯＫです。

その理由をエクセルなどに書いておきましょう！

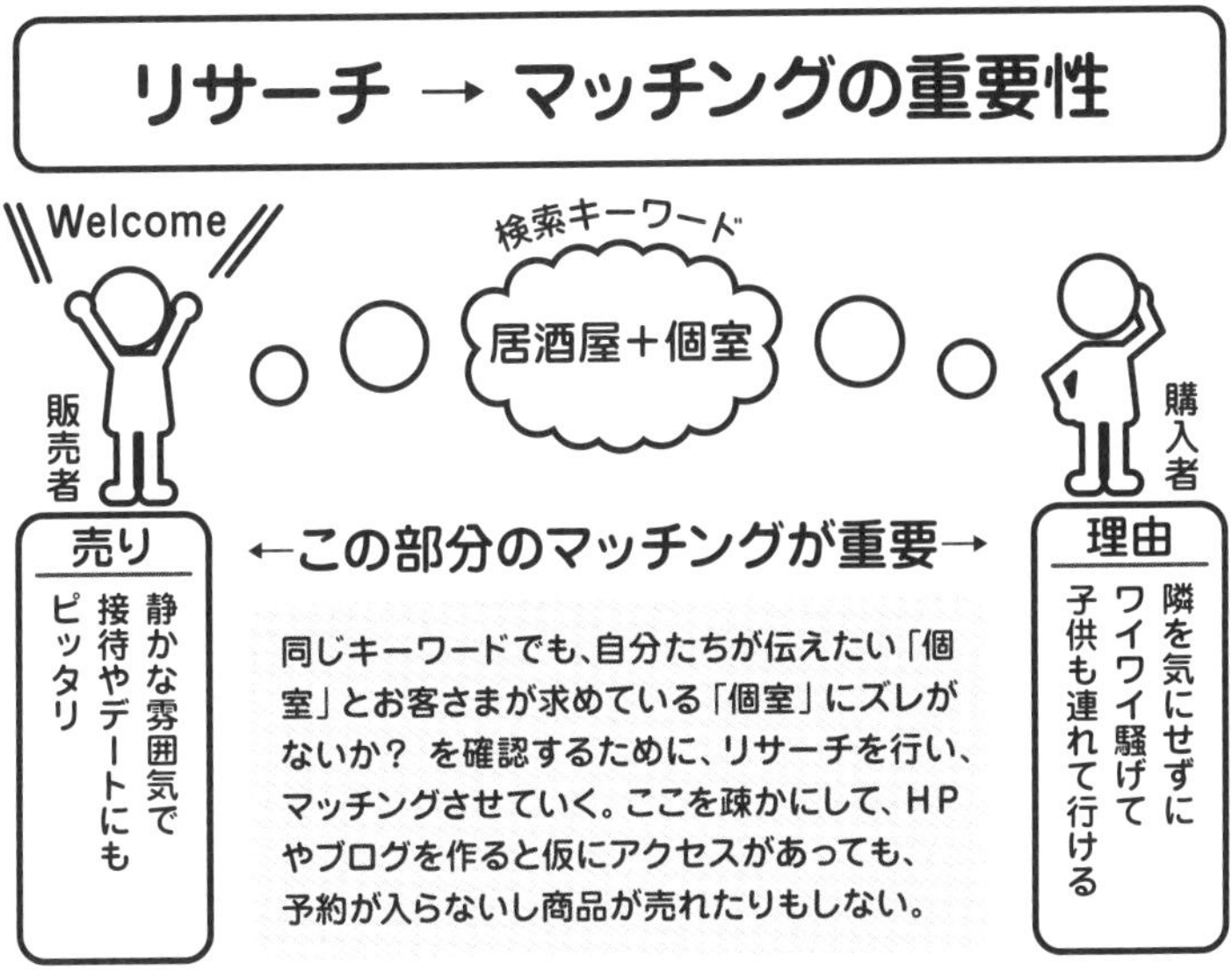
リサーチ → マッチングの重要性
Welcome
検索キーワード
居酒屋＋個室
販売者
購入者
売り
静かな雰囲気で
接待やデートにも
ピッタリ
←この部分のマッチングが重要→
同じキーワードでも、自分たちが伝えたい「個室」とお客さまが求めている「個室」にズレがないか？ を確認するために、リサーチを行い、マッチングさせていく。ここを疎かにして、HPやブログを作ると仮にアクセスがあっても、予約が入らないし商品が売れたりもしない。
理由
隣を気にせずに
ワイワイ騒げて
子供も連れて行ける

サンプルのエクセルを置いておきますので、こちらを参考にして使ってみてください。
http://koukokukenkyukai.com/resa.xlsx

【例】　居酒屋のオーナーさんの場合

◆ブレインダンプで書きだしたこと
「うちの店には個室がある」

◆リサーチ
ヤフー知恵袋で「居酒屋　個室」というキーワードで検索。

個室を希望している書き込み自体が多く「個室が防音になっているお店がありませんか？」という内容が多いとします。

◆マッチング

「他の席からの声は聞こえない」という答えを返せるなら、マッチング◎

「スタッフの声や、他の席の音は聞こえてしまう」のなら、無理に「個室」を強みとして打ち出すことはない。

ただし、「個室もありますが防音ではございません」などで対応しても良い。

見込み客は何を求めているのか？　を、新たなデータとしてストックしていく。

【例】　新宿の居酒屋さん

◆ブレインダンプで書きだしたこと

「団体は六〇名まで対応できる」

◆リサーチ

ヤフー知恵袋で「新宿　居酒屋　団体」というキーワードで検索。

「遅い時間からでも大丈夫ですか？」……①

「送別会でＤＶＤを流したいのだけど、プロジェクターやスクリーンはありますか？」……②
「予算に合わせて料理は作れますか？」……③といった質問が多い。

◆マッチング

①……遅くまで、もしくは早朝まで営業しているのであれば、マッチング◎
②……プロジェクターやスクリーンがあるのなら、マッチング◎
プロジェクターやスクリーンがなくても、大きな画面でＤＶＤを流すことができる設備があれば○
③……予算に合わせて料理が作れれば、マッチング◎
今まではしていなかったけれど、対応は可能であればニーズに合わせられるので○

仮に、三つとも対応が出来るとします。そのときは一番ニーズがあるものをメインにしてください。残りの二つは記事の最後の余談として付け加えます。

なぜ、一番ニーズがあるものを選ぶのかと言いますともちろん、それだけ求められているからではあるのですが、記事タイトルに全てを入れることが出来ないからです。

また別の章で詳しくお伝えはしていきますが、記事タイトルは二八文字前後をベースにして作ります。このぐらいで納めないと検索エンジンが読み込みきれません。

1 ⇩新宿の居酒屋・団体の対応（スペース）○○は早朝五時前営業中です！

2 ⇩新宿の居酒屋・団体の対応（スペース）○○は早朝五時まで、スクリーンもあり、予算に合わせた料理出しも可能

1は、朝まで対応が出来ることをメインに打ち出しているタイトル

2は、とにかく対応が出来ることを入れてはいますが、全部読み込んでくれません

なにより、その検索キーワードに対して「自分の強みと一番合うニーズ」を選びそれをタイトルにして記事を書いた方が良いのです。

同じキーワードを検索するとしても、人それぞれ求めていることは違います。
だからこそ、こちらの思い込みや先入観で作るのではなく、
調べたリサーチ結果に対してこちらの強みを合わせていくようにします。

逆に、今の状態ではお客さまの要望に答えられないなら、
無理にページ（ブログやサイトの記事）にしなくてもいいのです。
これからの改善項目としてストックしておくと良いでしょう。

●リサーチの具体的な手順

ブレインダンプで書きだしたことの一つ一つを、ヤフー知恵袋の検索窓に入れて調べていきます。ヤフー知恵袋　http://chiebukuro.yahoo.co.jp/

その際、文章を「そのままの状態」で入力するのではなく、
抜粋して入力していくことがポイントです。

【例】テーマを「髪」にして取り組もうとする場合

◆ブレインダンプで書きだしたこと

「くせ毛がコンプレックス」
⇩キーワードは「くせ毛　コンプレックス」

「ヘアアイロンはストレートにするために欠かせない」
⇩キーワードは「ヘアアイロン　ストレート」

「美容師さんが行う髪のブロー技術に興味がある」
⇩キーワードは「美容師　ブロー」

このように、メインとなるキーワード（くせ毛、ヘアアイロン、美容師）のみで大きく調べていくよりも、キーワードに関連する複合キーワードで検索します。

手順としては、このように調べていけばＯＫなのですが、ひょっとしたら、普段から検索されていないキーワードかもしれません。

ちょっと話が難しくなりますが、もう少し深堀りします。

ネットで集客をするためには、検索されているキーワードを選ぶべきです。ただ、それは過去の産物でもあるということを知らないといけません。

それはどういうことかと言いますと、「くせ毛＋コンプレックス」というキーワードは真新しいキーワードではないかもしれませんよね？

つまり、既に誰かが何年も前に作っているわけです。

そうなると、あなたがはじめる前に同じキーワードを使って他の方が作ってしまっていることが大いに考えられます。

これから新規で、あなたが「くせ毛＋コンプレックス」のキーワードに参入して記事を書いたとしても、
あなたのサイトがグーグルの一ページ目に来るのは、
同じキーワードを使っている人が多いほど厳しくなります。

だからこそ、ネットコンサルタントは、この「くせ毛＋コンプレックス」が月に何回調べられているのか？　を最初にチェックするわけです。

しかし、弊社では検索回数は重要視していません。

仮に、このキーワードが厳しいとしてもですよ！
別のキーワード（記事）から誘導をかけていけば何も問題はありません。
どれかのキーワードでサイトに辿り着いてもらえればいいのです。

また過度なＳＥＯ対策を施さなくても、オリジナリティのある文章が集まった

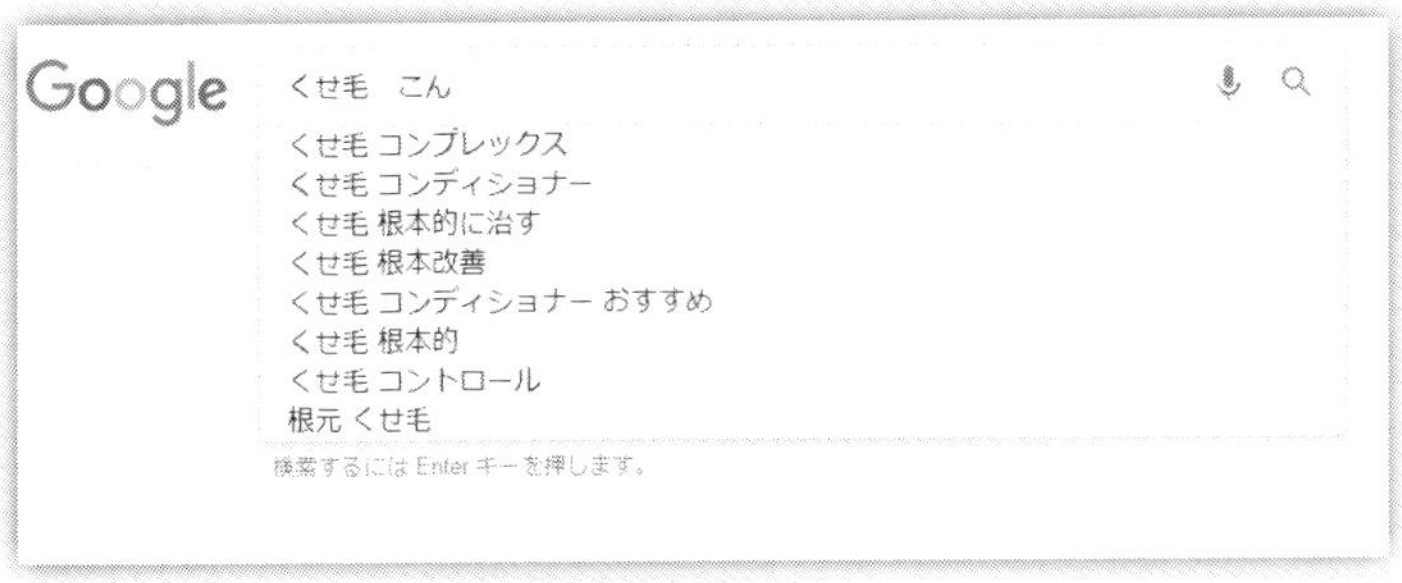

Webサイトはグーグルから評価されていくので、時間はかかりますが
厳しいキーワードでも上位にあがりやすくなります。

これは、弊社のクライアントさんのWebサイトが証明してくれていますし、
正しい認識の中でやっていけば色々なページがそのようになっていきますよ。

ちょっと補足的な話になりましたが、リサーチの話に戻しますね。

自分がブレインダンプをした部分から言葉（キーワード）を抜粋してヤフー知恵袋で検索するのはもちろんOKです。ニーズがあるのなら尚更ですからね。

ただ、検索回数は調べなくてもいいので「検索されている」かどう

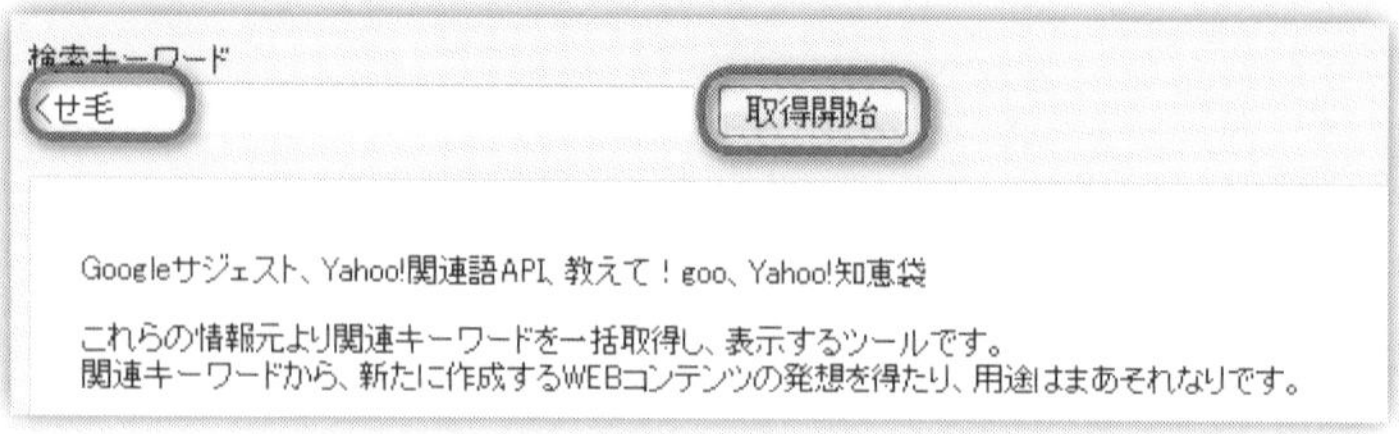
検索キーワード
くせ毛
取得開始
Googleサジェスト、Yahoo!関連語API、教えて！goo、Yahoo!知恵袋
これらの情報元より関連キーワードを一括取得し、表示するツールです。
関連キーワードから、新たに作成するWEBコンテンツの発想を得たり、用途はまあそれなりです。

か？　これはチェックした方がいいです。

グーグルの検索窓に向けて、さきほどの「くせ毛＋コンプレックス」を打ち込んでみますと、サジェスト機能（よく検索されているものが出てくる）では上記のように「検索されているキーワード」みたいなのでなるべく検索されているキーワードかどうかを確認してください！

さきほどもお伝えしましたが、仮に検索されていないキーワードでもヤフー知恵袋に悩みがそれなりにあるのなら、それはそれでＯＫです。

それはなぜかと言いますと、仮に検索されていなくても毎日ネット上では、新しいキーワードが二割強も生まれて検索されています。

グーグルサジェスト機能をはじめ、後からご紹介する複合キーワードツールを使って検索されていないとしても、調べた上で、ニーズがあるのなら

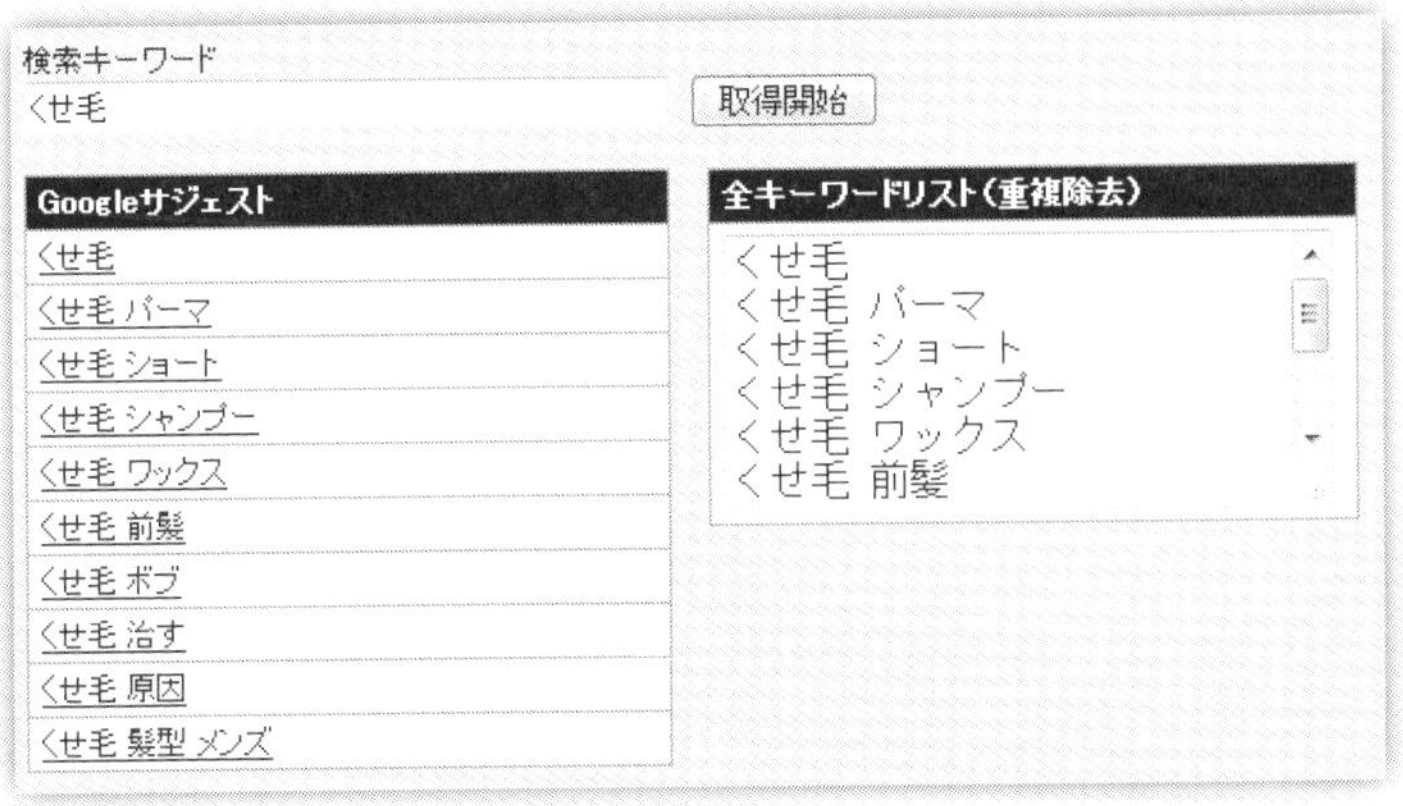

大丈夫です！

このときは、実際にグーグルに打ち込んでみて一ページ目を見たとき、悩みを解決しているページがなさそうならば、そのキーワードは使いましょう！

サジェスト以外で、ブレインダンプの内容に近い複合キーワードを見つけるときは

⇩ http://www.related-keywords.com/

単語を入力して「取得開始」をクリックすると……

このように様々な複合キーワードが表示されます。

この中から、自分が伝えたい内容と一致する複合キーワードを見つけて知恵袋で検索していきます。

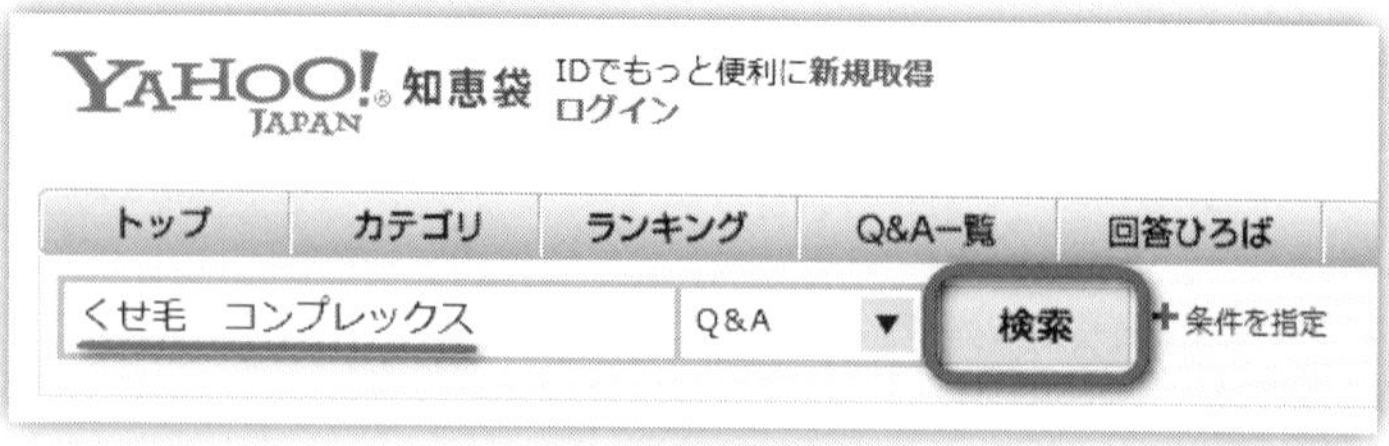

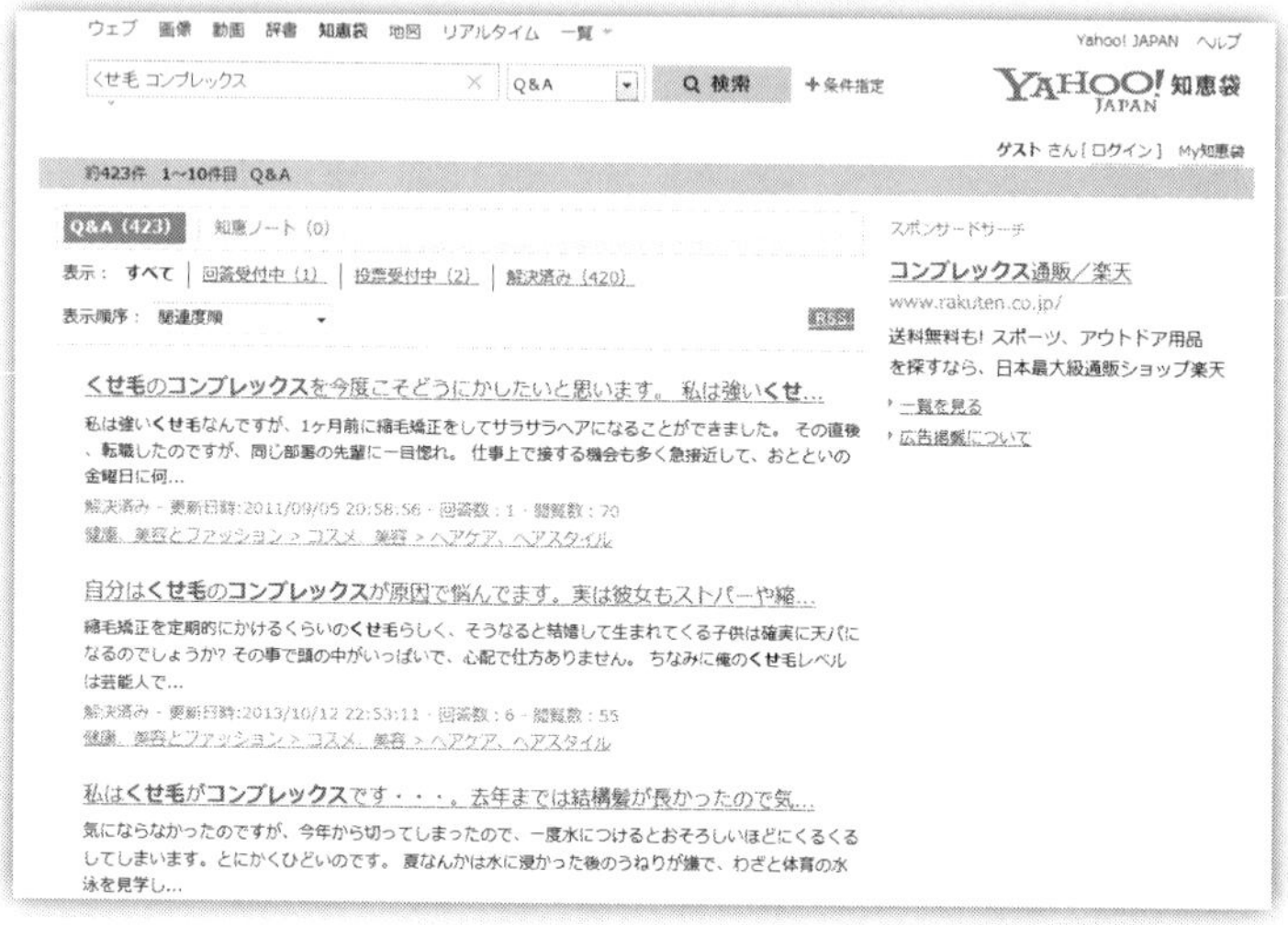

例えば、さきほどの「くせ毛コンプレックス」で検索してみます。

検索すると、このように検索結果が表示されます。

まずは質問のタイトルだけをざっくりと眺めていきながら偏った質問があるかをチェックしてみましょう。

目安的には一ページ～一〇ページぐらいでいいと思いま

す！
キーワードによっては、一〇ページもない場合もあります
ある程度（三件~五件）の質問の偏りがあったら、その方に向けて
答え（記事）を返すという仮説を立てることが出来ます！

時間はかかりますが、偏っている質問と回答を一つ一つ見ていき、「どういうお客様が、何を求めているのか？」を調べていきましょう。

自分が伝えたいこと、ユーザーが思っていること（悩み）、
これがドンピシャで一致するのならば、バッチリなのですが……。

自分が伝えたいこと、思い込んでいたことが、全く市場と合っていないときがあります。

そのニーズに対して、自分の力で調べてでも対応できるのであれば、それは対応すべきです。調べても対応ができないものは省いてください。

ただ、市場があるということだけは把握しておきたいので、冒頭でお伝えしたエクセルに残しましょう。http://koukokukenkyukai.com/resa.xlsx

【例】バンドマンがオリジナル曲を作るためにやること（これがブレインダンプ）

◆バンド＋オリジナル曲で検索

←
←
←

●鼻歌で作った曲をコードに起こす方法が分からないという質問が多かった

●主に一〇代後半が抱えている悩みっぽいなど

ニーズがある場合、ヤフー知恵袋の書き込みの内容から更に具体的なお客様の要望が分かりますので、エクセルなどに追加として書いておきましょう。

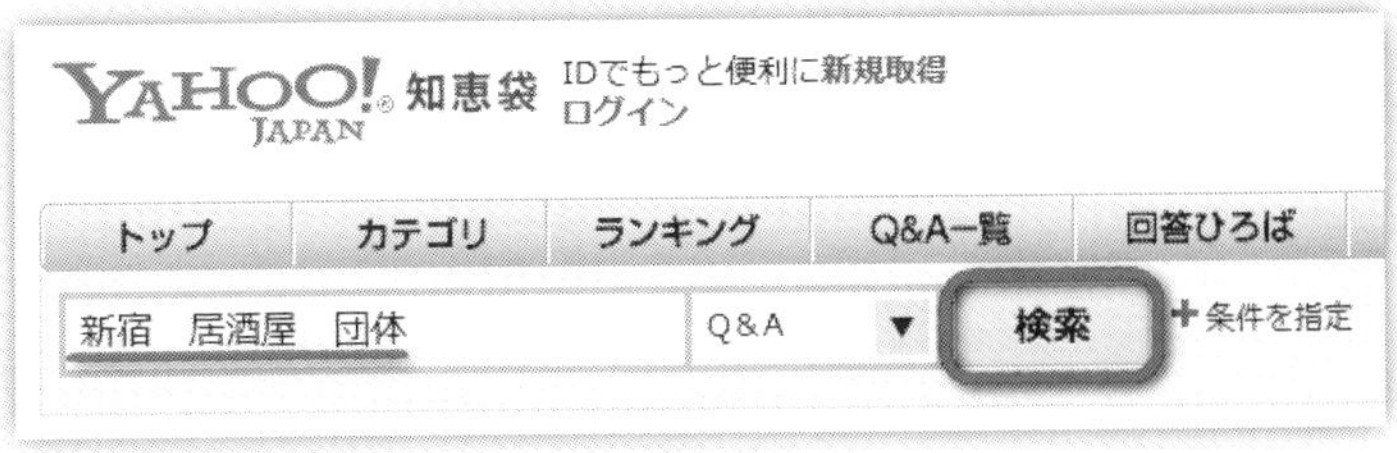

ターゲット層についても（この場合だったら一〇代後半が多い）に書いていきます。

【例】新宿の居酒屋の場合

◆ブレインダンプで書きだしたこと

⇩「団体は六〇名まで対応できる」

この場合、検索窓に「**団体　六〇名**」などと入れるのではなく、**リジェスト**などを見て近いキーワードを見つけてみてください。

「**新宿　居酒屋　団体**」「**東京　居酒屋　団体**」が近いと思います。

※↓の図で表示されている検索結果の上にある「スポンサードサーチ」はヤフーの広告です。

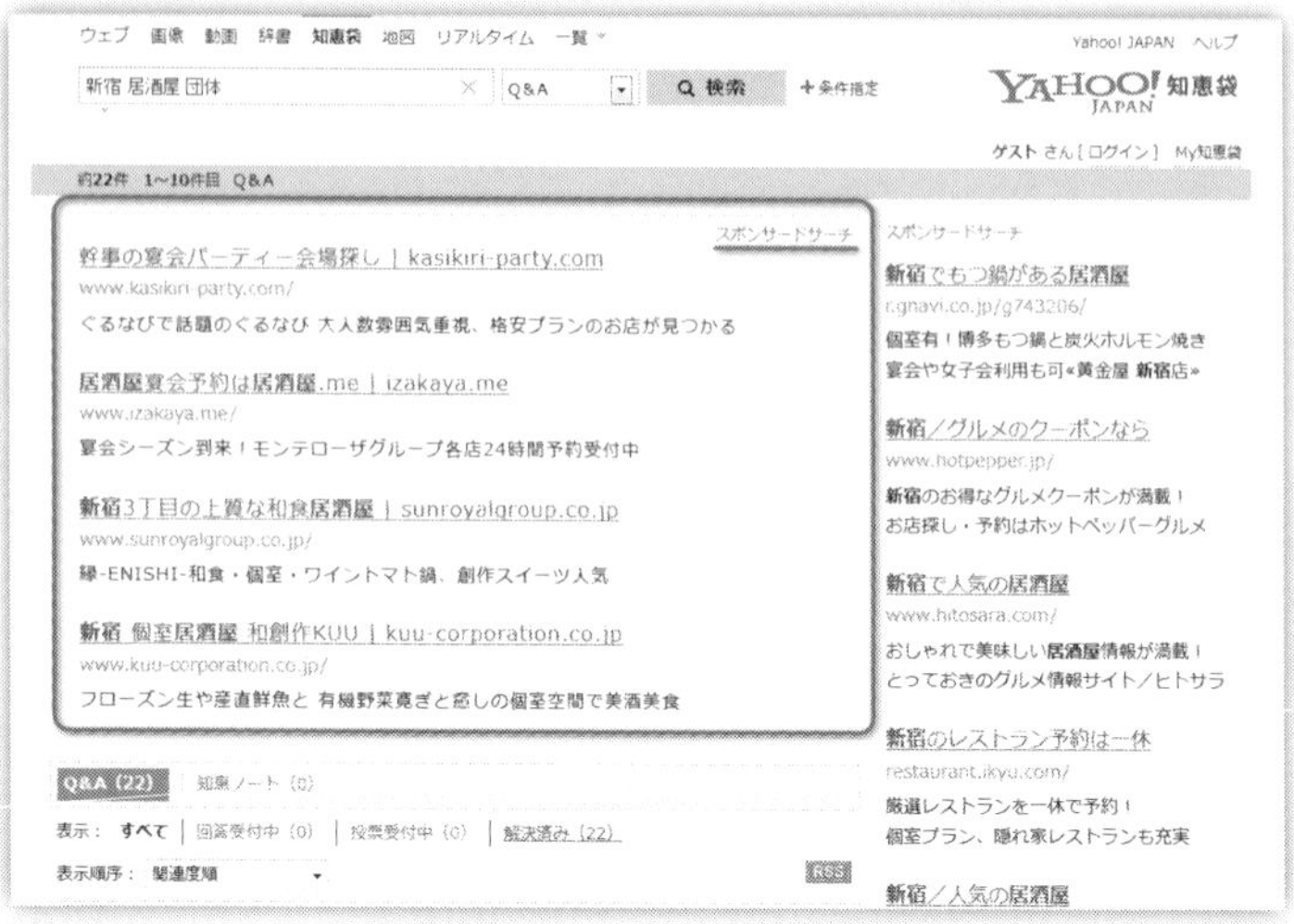

この部分は、リサーチに含めませんので検索の際はスルーしてもらって大丈夫です。

その下に表示される「検索結果」から、偏っているニーズやどんなターゲット層なのかを拾っていきましょう。

時間はかかりますが、差別化をしたいなら時間をかけるべき部分です。

ほとんどの方がこういう部分を行っていませんし、ネットコンサルタントですら、この部分をすっ飛ばしてキーワードの表面しか見ていません。

例えば、あなたが新しいお店をオープンするとしましょう。

そのときに市場をリサーチするのは当たり前のことですよね？

これをネットでやるだけです。ちゃんとエクセルにまとめていきましょう！

はじめてやることばかりだと思いますので面倒だと感じるでしょうし、ときには難しいと思いますますが、事前にこういう作業をしないと長期的なアクセスはありえませんし、本当に来てほしい見込み客を連れてくることはできません。

Q&A (22)　知恵ノート (0)

表示：すべて｜回答受付中 (0)｜投票受付中 (0)｜解決済み (22)

表示順序：関連度順　RSS

新宿で安くて落ち着ける居酒屋がありましたら教えてください^^ できたら、…

サラリーマン団体や学生がいないようなところが良いです。

解決済み - 更新日時:2011/08/05 13:43:21 - 回答数：1 - 閲覧数：25

暮らしと生活ガイド > 料理、グルメ、レシピ > 飲食店

新宿の居酒屋 今度20人程度で飲む機会があるのですが、新宿駅周辺でいいお店…

店知りませんか? 希望 ・1人4千円程度 ・1部屋に何トグループと入るような大部屋は避けたいです(できれば個室希望) ・飲み放題の時間が長い(2時間じゃ寂しいです) 私も頑張って探しますが、こんな都合いいところ…

解決済み - 更新日時:2011/11/19 23:13:08 - 回答数：1 - 閲覧数：73

暮らしと生活ガイド > 料理、グルメ、レシピ > 飲食店

新宿で安い居酒屋を探しています。 条件は、一人3000円以下、団体(50名)で予…

で予約が取れる、コースで飲み放題です。 コースなんですが料理の質と量はあまり気にしません。 できれば東口から歌舞伎町方面にかけてでお願いします。

解決済み - 更新日時:2011/05/23 09:27:11 - 回答数：1 - 閲覧数：46

暮らしと生活ガイド > 料理、グルメ、レシピ > 飲食店

新宿駅周辺 約30人の団体個室貸切が可能 食べ放題、飲み放題 値段もそこそこ…

値段もそこそこ安い この条件に合う居酒屋とかありますか? またオススメの居酒屋を教えて下さい。

解決済み - 更新日時:2013/06/01 07:46:43 - 回答数：1 - 閲覧数：38

暮らしと生活ガイド > 料理、グルメ、レシピ > 飲食店

ただ単にアクセスを集めたいだけなら、ヤフーやグーグルに広告を出稿して、**リスティング広告（PPC）**を行えばいいだけですが、キーワードだけを見て代行すると広告費ばかりがかかってしまって費用対効果を感じることはないでしょう……

現に、代行をお願いしていてもそういう企業様は多いですしね

面倒だな～と思われるかもしれませんが、これが基本のマーケティングです！

事前に、作り手として悩みやターゲットを把握して設計図を組んでいないと、見込み客が集まるWebサイトは作れません。だからこそ、最初に構成を組みます。

ここを把握出来ていないからこそ、実際にWebサイトに記事を書こうとしたときに誰に何を書けばいいのか？　が分からなくなるのです。

こうなると、ネットから記事ネタを引っ張ってきて、適当にリライトした内容しか書けなく

なります。自分の感想も入れられないぐらいの適当な記事です。

こういう記事を書いたとしても、訪問者はもちろんですが
ヤフーやグーグルが評価してくれることもありませんからね……
最初にリサーチ・マッチング作業を行うのは当たり前のことなのです。

本来なら、直接お客様から聞き出させなかった悩みを、ネットだったら
「ヤフー知恵袋」などを通じて、事前にある程度のことを無料で調べることが出来ます。

本業のお仕事をしながら、ネット集客を組み上げていく方であれば、
設計図が完成するまでは一カ月〜二カ月ぐらいを目安にして進めてください！

大変な作業だと思いますが、本当に集めたいお客様を集めるには、
「非効率なこと」をやらないといけないことを、どうか忘れないでください。

ブレインダンプの内容からキーワードを抜粋、検索されているキーワードかどうか？　をチェックする。

そのキーワードでヤフー知恵袋を使って悩みの検索、市場の状態を把握する。
マッチングできるかどうかの確認、これらが終わったら、「マインドマップ」を使いながら全体の設計図を作っていきます。

応援専門家・モリタリョウジ

お話の中にあるように、実際にリサーチをかけることで、
ブレインダンプで書きだした内容のどこに需要があるのか？
人はどういった単語や言葉を使って、悩みを解決しようとしているのか？
どこに興味を示しているのかを知ることが出来ましたので
本当に実感できましたし、やり方を知ることが出来て良かったと
心から思っています。

僕は応援専門家として活動をしているのですが、自分の仕事を通じてリサーチをしてみると、人は人で悩むといいますか……。
人間関係についての悩み事には、これほど質問があるのか？　という驚きもありました。

応援専門家として、沢山の方とご縁を頂いていた中で、インターネットで本格的なリサーチをするのは初めての試みでしたが
自分が伝えたい内容を、【答えを求める方の立場】で調べてみると、今後、自分が伝えていかなければならない内容の幅も広がり
自分のテーマに対して、更に成長をすることが出来ると思います。

応援専門家　モリタリョウジ

http://moritaryoji.com

調べて照合した内容を「マインドマップ」で全体図にまとめる

ブレインダンプとリサーチから見えたことをマッチングさせたら今度はそれを全体のマップにまとめていきます。

インターネットに詳しい方なら、「マインドマップ」という言葉を聞かれたことがあるかもしれません。

その名の通り、頭の中にある自分の仕事内容や趣味などを具体化するために、マップに起こして全体の整理をするときに使います。

もちろん、Ａ４のノートにマップを起こしてもいいのですが修正が効かないので、パソコンを使って行うのがベストですね！

通常マインドマップのソフトは、パソコンの中にインストールされていません
提供サイトからダウンロード後、インストールして使いはじめます。

認知度が高いのは、「マインドマネージャー」という有料ソフトですが、
無料ソフトでも十分活用できます。無料でおすすめしたいのが、
「Xマインド」（エックスマインド）というマインドマップソフトです。

Xマインド　http://jp.xmind.net/
https://www.youtube.com/watch?v=Lb5RCZsroKY　Xマインド使い方動画
画像が見えづらいと思いますので、こちらのＵＲＬを入力して頂き実際に確認してみてください。

http://xn-hhrs8rmue078d.jp/sekei.png

この設計図は、三〇代の独身女性が本格的にダイエットするために作ったものです。
ただダイエットだけではなく、結婚してから、産後まで網羅しています。

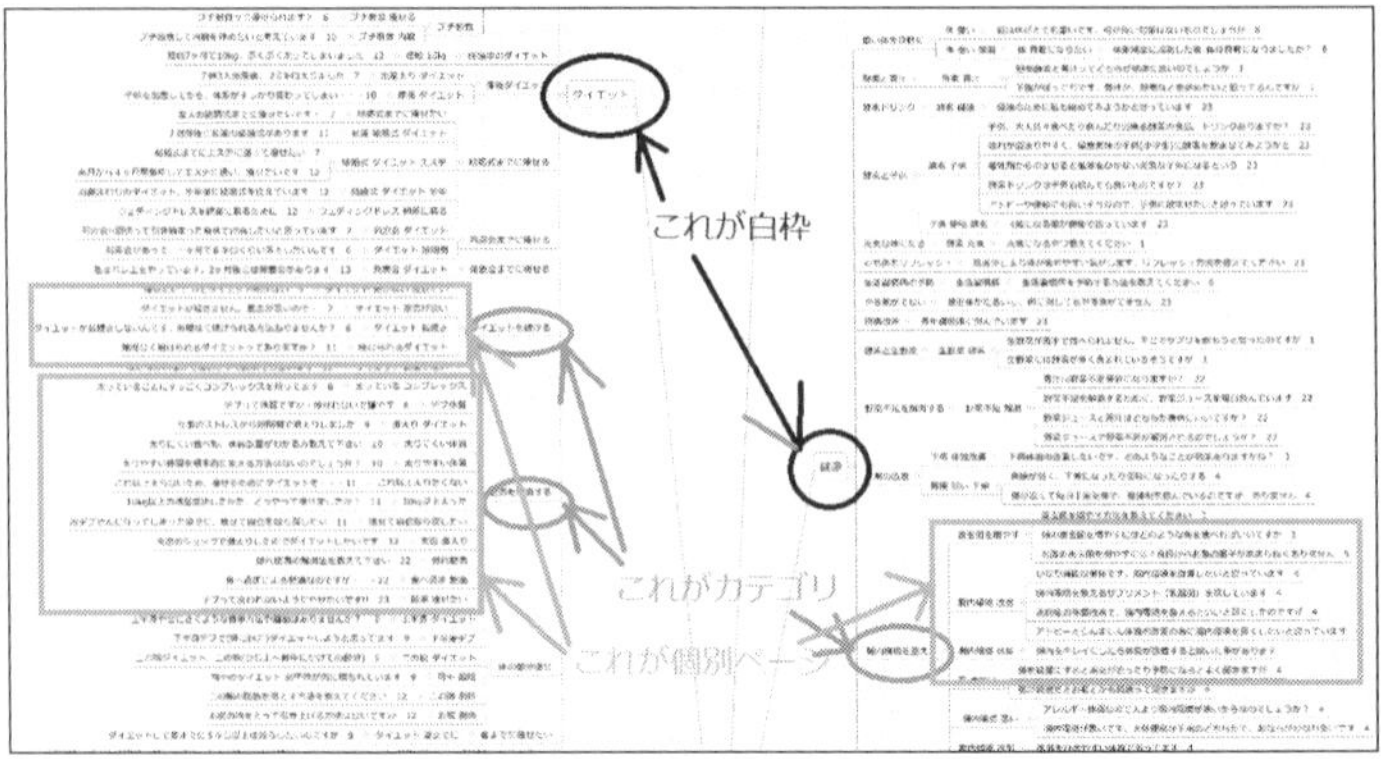

「Xマインド」の使い方動画を見てもらうと分かると思いますが、真ん中にテーマを入れます。白枠はメニューになります。Webサイトにメニューを入れる場合は左から強みとなる部分から入れていきましょう！

この白枠から枝を広げていくことになるのですが、この枝がWebサイトのカテゴリになります。網ラインの部分です。

カテゴリもキーワード選定が必要になるので、最初は適当に名前を付けてもらって構いません。

理由としてはカテゴリの役割というものは、カテゴリの中に入っていく個別ページを総括するものだからです。

エクセルのデーターを元にマインドマップに振り分けていくことになるのですが、実際にやっていくと「やっぱりこっちに入れた方が良い」というものが出てきますので、全てを振り分け終えて、全体を俯瞰してみたときにカテゴリのキーワードを決めてください。

カテゴリの中に振り分けていく個別ページとなるものは（青色の部分）はリサーチしたキーワードを入力して、どういう人に向けて書くべきか？　つまり一番悩みが多かったものを、キーワードの後に書いてください。捕足となるものも書いて構いません。

このマインドマップを見てもらうと数字が書いてあると思いますが、これは悩みが多かった数や優先順位を示しているものなので、最初はここまでやらなくても結構です。

ここまで非効率なことを、事前準備としてやってから、Webサイトを作りはじめると何をやるべきかも明確になりますし、誰に何を伝えるべきなのかも分かります。

記事などを書き終えたらマーカーなどを入れていくと宜しいかと思います。

この設計図が終わってから、初めてＴＯＰページにあたるキーワードを決めてＷｅｂタイトル名を決めていきます。

Ｗｅｂサイトに使うテンプレートはどういうものが良いのか？　今は後からお話をする「ＷＰ」（ワードプレス）を使っている所がほとんどですが、手打ちで作成できる方は手打ちで作成しても構いません。

ただ、今はＰＣサイトへの訪問以上にスマートフォンからのアクセスの方が多いですから、スマートフォンに対応しているレスポンシブテンプレートを使うようにしてください。

手打ちで作成される方は、スマートフォンにもしっかり対応しておかないとＰＣサイトに対する検索エンジンの評価が落ちます。

文章が多いからといって、テキスト全てを画像にしてスマートフォンに表示させてしまうと、

検索エンジンからみたらコンテンツ不足として認識されるので評価されません。

ご不明な点があれば、巻末に問い合わせのメールアドレスを掲載していますので
お気軽にお問い合わせてください。

クライアントさんの声

秋元恵美子と申します、松野さんと出会って三年ぐらいが経過します。
塾生として在籍したときは、ブログやホームページコンテンツを作りながら、
新たに設計図を作成して、更年期のアメブロ運営をはじめたりしていた頃で、
今思えば懐かしいです。

もちろん、現在も残っていますし、今では更年期の方向けの
ＤＶＤも販売しています。

事前に属性をしっかり絞って作っているので、多少放置していても
アクセスは来ますし、ＤＶＤも売れています。

お話にもあったように、ブログやホームページを構築する上で、設計図は非常に大切です。
そのためのブレインダンプは必須だと今でも痛感しています。

ブレインダンプをしないでサイトの運営を始めてしまうと、
自分が提供できることに必ず行き詰ります。
自分が何をしなくてはいけないのか、
途中で分からなくなってしまうんですね。

私の場合、ブレインダンプの内容は、カテゴリーに反映させています。
頭が空っぽになるまで吐き出して、これ以上出ないと言うところから
まだ出てくるようになれば成功です。何日かかっても良いですから、

ぜひ、試してみてください。きっと大切さがわかります。

現在は、アメブロなどのサイト構築で学んだ知識を基に、シニアの総合ポータルサイト「from4050（http://from4050.jp）」を運営し、中高年にとって役立つ情報を発信しています。

現在も構築途中ですが、「from4050」を大きく育てて、日本一のシニアのサイトにしたいと思っています。

まっちゃん、これからも宜しくね。

第1章のまとめ

- 自分が気づいていない強みを見つけるためにもブレインダンプをしっかり行うこと
- 検索されているキーワードでリサーチをして強みと悩みをマッチングさせていくこと
- Webサイト全体を把握するにマインドマップを使い設計図を組み立てること

第2章

Webサイトを強固な媒体にする

ＴＯＰページに書くべき内容とは？

設計図が完成したら、いよいよ記事入れになりますが
ＴＯＰページに何を書けばいいのか？　のご説明をします。

まず、しっかりと企業名や店舗名でも検索をされるように
ＴＯＰページには必ず入れます。
しかしこれで終わりではダメです。

企業名や店舗名が完成したら、ＴＯＰページに使うキーワードを決めます。
全体の設計図に対して、どのキーワードを選ぶべきかを考えましょう！
おおよそタイトルは二八文字前後で作り上げていきましょう！

〜企業名・店舗名〜（半角）ＴＯＰページで狙うキーワード＋複合キーワード

タイトルが出来たらディスクリプションを一二四文字前後で入力します。

Meta の部分は、あなたがタイトル作成で決めたキーワードを入れます。

ここは後から詳しく説明しますので、最初は入れなくてもいいです。

ここまで終わったら、いよいよＴＯＰページに記事を入れるわけですが何を書いたらいいのか？　で迷われる方が多いと思います。

あなたは、誰かにとってのブランドにならないといけません。

つまり、自分が思い描く世界に共感してくれるのならば一緒に歩いていきませんか？　と投げかけないといけません。

何を投げかけるのか？　それは「理念やコンセプト」を指します。

自分にはこういう経験がある。
こういう疑問がある。
こういう部分が悩みだった。
こういう強みがある。
これだけのことを調べてきた。
これから調べていこうと思う。
こういうものに興味がある。
世の中がこうなると素晴らしいと思う。

人それぞれ違うと思いますが、なぜ？　その自分達（サイト）が必要なのか？
訪問者がサイトを見てどんなことを学び知ることができるのか？
それを正直に提示しないといけません。

例えば、僕だったら営業を一五年やってきた、バンドを一五年やってきた、アフィリエイトを地道にやって稼げるようになった。この三つの強みが僕です。

仮にアフィリエイトを教えるサイトを作るとしましょう。
その中でＴＯＰページに書く理念というものは、
この三つの共通因子から生み出されます。

僕個人の場合だと、これらの共通因子は「継続力」です。

アフィリエイトを学びながら、同時に継続力も身に付いていくということ。
これこそが、僕がサイトを立ち上げた理由です、という感じ。

なぜなら、僕も昔はこういう感じだったんだ。
だけど、そこからある疑問にぶつかりもがく日々が続いた。

しかし、人との出逢いで少しずつだけど考え方が変わり
自分の行動を見直すようになった。そしたら想像以上に

稼げるようになった、という風な文章が入っていきます。

そして、結果的に「継続力」こそがアフィリエイトだけではなく、
あなたの人生を豊かにしてくれると確信しているので
これから一緒に勉強してみましょう。
という内容をしっかりとＴＯＰページで語ります。

難しいと思われるかもしれませんので、目的だけを書いても構いませんが、
それでは他と同じコンテンツになってしまうので、
あとからご自身が悩まないといけなくなります。

「他のサイトと同じことしか書けない。似たりよったりだなって……」

僕たちが踏み込む世界は、既に存在しているものがほとんどです。
しかし、同じジャンルをやるにしても「自分たちの人生や強み」を付け加えれば

同じジャンルでも新しい世界になるのです。

つまり、自分たちの土俵ということですね。この世界にだけはどんな一流の人が来ても
あなたの世界の中では負けることはありません。

ＴＯＰページだけではなく、他のページで記事を書くときも最後あたりに、独り言みたいに
自分の考え方などを付け加えれば、完全にオリジナルの文章を作成することができます。

他のページでも自分を出していけるためにも、ＴＯＰページでは自分たちの
理念・コンセプトを書き出しておくことが大切です。

ポイントは自分が目指す世界と、あなたの価値観が同じなら嬉しいということ
そして、訪問者にどんなメリットを与えることができるかを忘れないでください！

魅力的なタイトルの付け方と検索エンジンに好かれる説明文

インターネットで見込み客を集めようと考えたときに当分は検索エンジン経由がメインになるかと思います。

上位表示がマストではありませんが、アクセスが多いにこしたことはありませんよね。以下の三点はSEO対策としても基本中の基本ですので、しっかりと覚えておきましょう！

①サイトタイトル（記事タイトル）
②概要（ディスクリプション）
③メタタグ（キーワード）の設定

次に、この三点に関して詳しくお伝えしていきます。

①サイトタイトル（記事タイトル）

「とにかく狙うキーワードを絶対にタイトルに入れてください！」結論はたったこれだけです。

これから詳しく解説しますが、理解できてもできなくても狙うキーワードをタイトルに必ず入れてください。

※サイトタイトル（ＴＯＰページタイトル）も個別記事タイトルも理屈は同じなので、以下の内容はどちらでも適用できます。

検索窓に「ネット集客」と打ち込むと、ヒットした上位サイトのうち「ネット集客」をタイトルに含めていると思います。

そして「ネット集客」だけ太文字になっているのがわかるでしょうか？

※丸で囲った部分

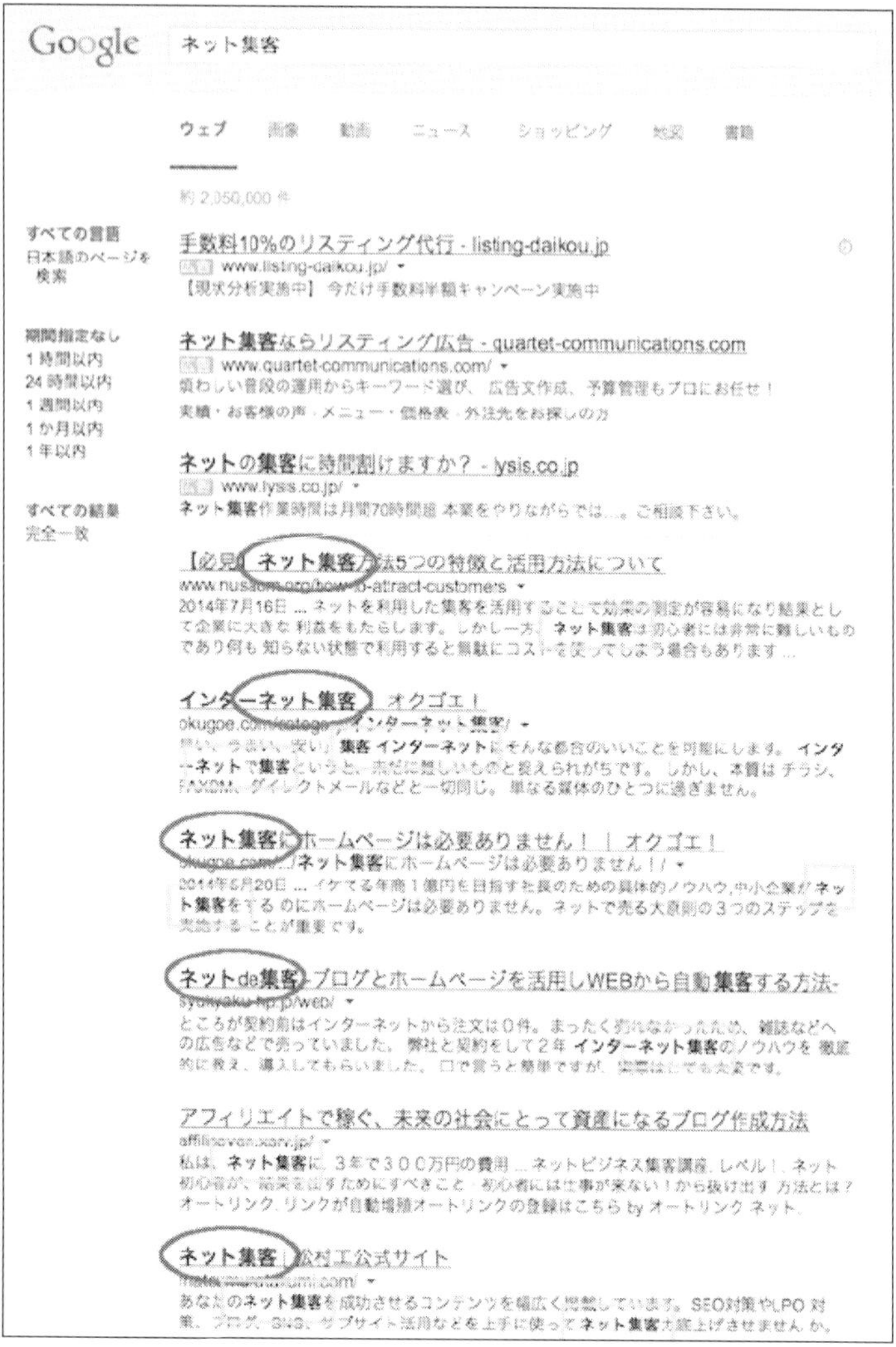
Google
ネット集客
ウェブ
画像
動画
ニュース
ショッピング
地図
書籍
約 2,050,000 件
すべての言語
日本語のページを検索
期間指定なし
1 時間以内
24 時間以内
1 週間以内
1 か月以内
1 年以内
すべての結果
完全一致
手数料10%のリスティング代行 - listing-daikou.jp
www.listing-daikou.jp/
【現状分析実施中】 今だけ手数料半額キャンペーン実施中
ネット集客ならリスティング広告 - quartet-communications.com
www.quartet-communications.com/
煩わしい普段の運用からキーワード選び、広告文作成、予算管理もプロにお任せ！
実績・お客様の声・メニュー・価格表・外注先をお探しの方
ネットの集客に時間割けますか？ - lysis.co.jp
www.lysis.co.jp/
ネット集客作業時間は月間70時間超 本業をやりながらでは…。ご相談下さい。
【必見】ネット集客方法5つの特徴と活用方法について
インターネット集客 | オクゴエ！
ネット集客にホームページは必要ありません！ | オクゴエ！
ネットde集客-ブログとホームページを活用しWEBから自動集客する方法-
アフィリエイトで稼ぐ、未来の社会にとって資産になるブログ作成方法
ネット集客 | 公式サイト

これは検索エンジンがタイトルから「ネット集客」を読み取っている証拠であり、タイトルにキーワードが含まれているサイト・個別ページは関連性が高いと判断していることがわかりますよね？

訪問者として考えてみた方がわかりやすいかもしれません。
あなたが「ネット集客」について知りたいと思って検索をしたときに「ネット集客」と書かれてないタイトルの記事はまずクリックしないですよね。
なぜなら知りたい情報がないかもしれないと感じるからです。

例えばあなたが書店で韓国旅行用のガイドブックを探しに行ったとき海外旅行コーナーで「韓国」と書かれていない本を手に取るでしょうか？
ネットでも基本的に同じで、皆さん忙しい中で調べ物をしています。

検索エンジンのためにもユーザーのためにも、あなたの集客のためにも狙うキーワードはしっかりタイトルに入れる必要があるということです。

ちなみに、検索エンジンは基本的に左から読み込みます。
タイトルの左側が一番重要だと判断しやすい傾向にあるので
狙うキーワードはなるべく一番左側に付けましょう。

（例）

(1)**ネット集客の基礎を徹底的に学ぶ書籍『感動集客のススメ』**
狙うキーワードが一番左側に来ているかと思います。

これが例えば

(2)**「感動集客のススメから徹底的に学ぶネット集客の専門書が誕生」**
というようなタイトルにした場合「ネット集客」が後ろに来るので
左に寄せているよりも強調されていないことになります。

```
<html xmlns="http://www.w3.org/1999/xhtml">
<head profile="http://gmpg.org/xfn/11">
<title>ネット集客の基礎を徹底的に学ぶ書籍　感動集客のススメ</title>

<link rel="alternate" type="application/rss+xml" title="（株）感動集客 RSS Feed" href="http://xn--hhrs8mue078d.jp/feed/" />
<link rel="alternate" type="application/atom+xml" title="（株）感動集客 Atom Feed" href="http://xn--hhrs8mue078d.jp/feed/atom/" />
<link rel="pingback" href="http://xn--hhrs8mue078d.jp/xmlrpc.php" />

<link rel="author" href="https://plus.google.com/115812006021423034762" />


<link rel="stylesheet" href="http://xn--hhrs8mue078d.jp/wp-content/themes/info_custom/style.css" type="text/css" />
<link rel="stylesheet" href="http://xn--hhrs8mue078d.jp/wp-content/themes/info_custom/comment-style.css" type="text/css" />
<link rel="stylesheet" href="http://xn--hhrs8mue078d.jp/wp-content/themes/info_custom/japanese.css" type="text/css" />

<style type="text/css">
body { font-size:12px; }
```

このように、ＳＥＯは相対的に順位付けが決まってくるので、全く同じ評価のサイトが二つあった場合、一方がキーワードを左詰めにしてあり、もう一方がキーワードを右側で使っていると前者が高評価を受けます。

つまり⑴と⑵で、内容の評価が全く同じだった場合⑴の方が「ネット集客」では検索上位になる、ということです。

少し難しいかもしれないので、細かいことは覚えなくても構いません。

「狙うキーワードを左詰めでタイトルに入れた方が検索上位に表示しやすい」

とだけ覚えておいて、実践に役立てて頂けたら幸いです。

●参考：ページのソースを見てみよう！

※ソースの見方はページを開いた後にマウスを右クリック、「ページのソースを表示」を選ぶと表示されます。

上記画像の<title>～</title>という部分がタイトルになります。

検索エンジンは左上から一行ずつ読み込んでいくわけですがご覧のようにタイトルがまず最初に読み込まれていきます。

後ほど説明する概要（ディスクリプション）やメタタグよりもタイトルの方が判断されやすい（＝重要だ）ということがわかりますね。

②概要（ディスクリプション）

「狙うキーワードから文章をはじめて、かつ概要の中で狙うキーワードを二回使いましょう！」

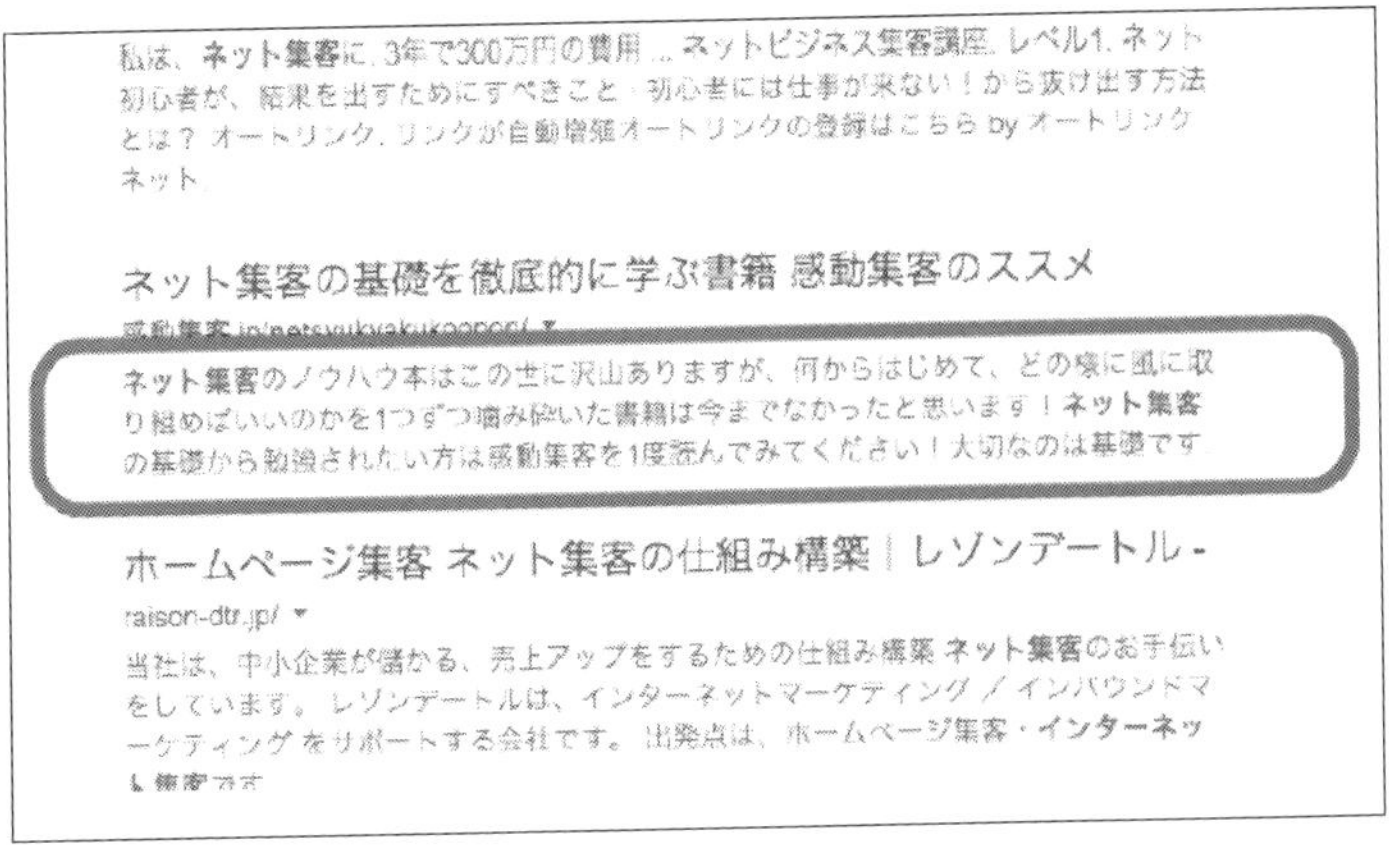
私は、ネット集客に、3年で300万円の費用 ... ネットビジネス集客講座 レベル1. ネット初心者が、結果を出すためにすべきこと・初心者には仕事が来ない！から抜け出す方法とは？ オートリンク. リンクが自動増殖オートリンクの登録はこちら by オートリンクネット.

ネット集客の基礎を徹底的に学ぶ書籍 感動集客のススメ

ネット集客のノウハウ本はこの世に沢山ありますが、何からはじめて、どの様に風に取り組めばいいのかを1つずつ噛み砕いた書籍は今までなかったと思います！ネット集客の基礎から勉強されたい方は感動集客を1度読んでみてください！大切なのは基礎です。

ホームページ集客 ネット集客の仕組み構築｜レゾンデートル -
raison-dtr.jp/ ▾
当社は、中小企業が儲かる、売上アップをするための仕組み構築 ネット集客のお手伝いをしています。レゾンデートルは、インターネットマーケティング／インバウンドマーケティング をサポートする会社です。出発点は、ホームページ集客・インターネット集客です

概要（ディスクリプション）とは検索をした際に、タイトルの下に表示される説明文のことです。

※上記の枠の部分です。

「ネット集客」の文字が太字になっているのがわかりますが、実はこの概要も検索エンジンがしっかり読み込んで判断しています。

タイトルにも含まれていて、概要にも記載されているキーワードならその記事のメインテーマなんだろうなと判断できますよね。

検索エンジンも、私たちと同じように判断してくれま

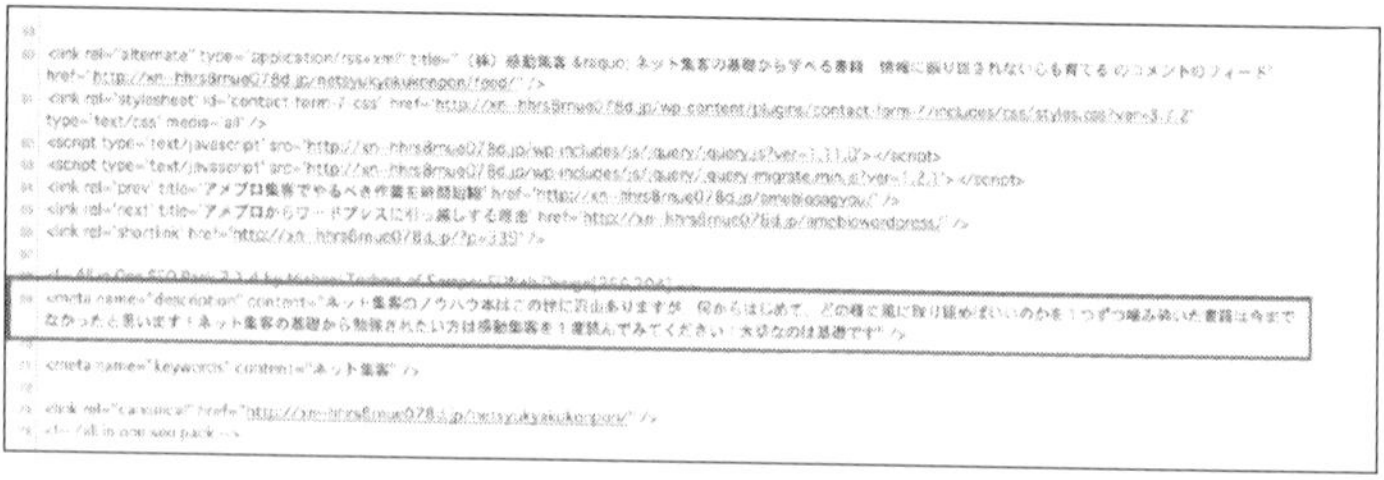

す。タイトルと同様、概要も左から右に読み込まれていくので、狙うキーワードから文章を作るのが理想的です。

以下の概要例はキャプチャー画像で表示されている弊社のものです。しっかりと左側に狙うキーワードが置かれていて、文章中に二回入っていますよね。

●参考：サイトのソースを見てみよう！

<meta name="description" content="ここに概要を入力する"/>"

description" というのは英語で概要という意味なのですが検索エンジンはここを概要として読み込んでいます。

ここを空欄にしていた場合、検索エンジンが自動で本文を引用して概要として、説明文を表記してくれます。

面倒だからと概要を設定しない人もいますが、訪問者はタイトルだけでなく、概要もある程度読んでから、記事を読むか決める傾向にあるので、自分で設定した方が効果的です。

③メタタグ（キーワード）の設定

「メタタグは狙うキーワード一つだけにしましょう！」メタタグとは検索エンジンに狙うキーワードを伝える働きがあります。

メタタグの設定はSEO対策としてはもう効果がないと言われていますが、ほとんどのライバルが行っていてこちらがやっていないというのは、相対的に評価された場合にマイナスになる可能性があります。

また、タイトルや概要、そしてメタタグに一貫性があれば検索エンジンも「この記事はこの内容」と判断しやすいですよね。ただし、メタタグを複数設定するのはやめておきましょう。

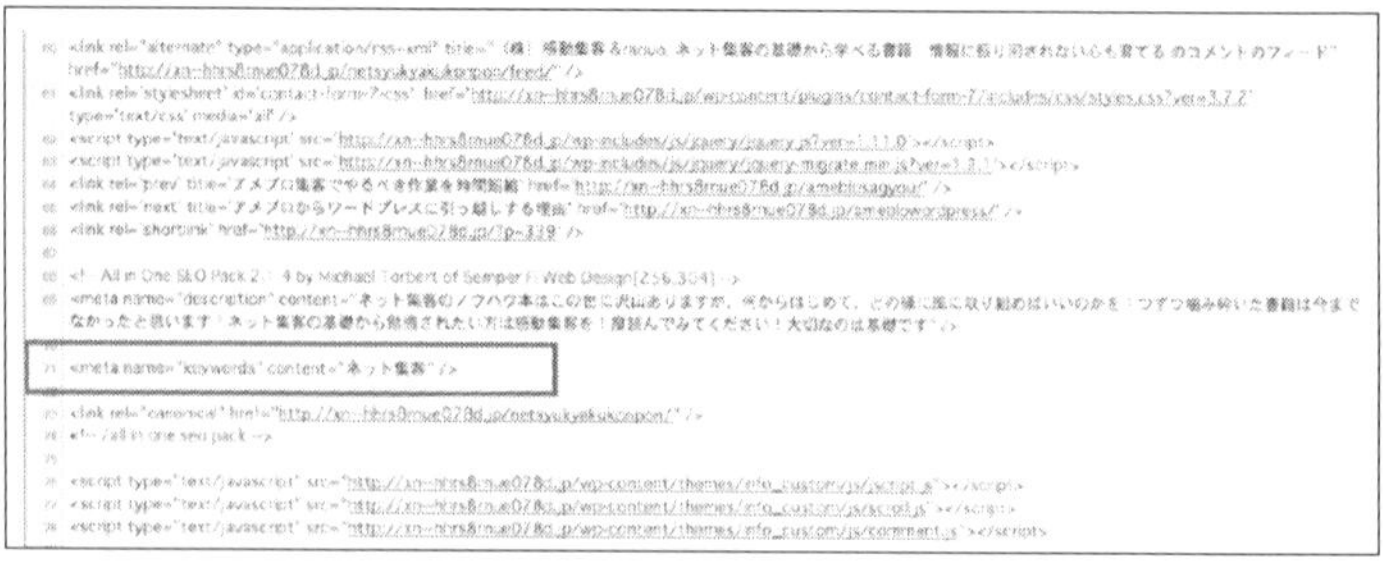

数年前メタタグにキーワードを詰め込む手法が流行っていたのですが、現在はスパム行為としてマイナス評価を受けるようになってしまいました。

業者さんでもメタタグに何個もキーワードを入れている場合があるので、こちらも複数設定しているようなら、すぐに一つに絞っておきましょう！

●参考：サイトのソースコードを見てみよう！

<meta name="keywords" content="狙うキーワードを入力する"/> descriptionのすぐ下に、上記のようなメタタグがあります。
ここに設定したキーワードが表記されているかと思います。

ちなみに、複数設定されている場合は以下のように,（コンマ）で区切って入力することになります。
<meta name="keywords" content="キーワード1,キーワード2,キーワード3,etc,"/>
ただし、先ほどもお伝えしたように、複数入力はせずに狙うキーワード一つだけにしておいた方が無難です。

■この三つだけでも上位表示になる可能性もあります

これまで説明してきた三つの要素はどれも基本的なことですが、大手の上場企業でもここを疎かにしていることが多々あります。

つまり、この三つをしっかり意識して対策するだけでも狙うキーワードによっては、大手企業の公式サイトに勝てますし上位表示も充分に可能だ、ということです。
※ビッグキーワードは厳しいですが……。
既に何かしらのＳＥＯ対策を施している場合は、こういった基本的な部分をしっかり改善して行くことによって、相対的に検索上位に表示される可能性も高まります。

■キーワード選定の重要性

少しおさらいになりますが、人はヤフー・グーグルの検索窓の中に、キーワードを入力して情報を得ようとします。

例えば、有名な芸能人の方が結婚したときなどは、「芸能人名」（スペース）「結婚」と入力して、更に詳しい情報を調べようとしますよね？　誰でも経験済みのことだと思います。

「今日は○○さんとランチに行ってきた〜！」という記事タイトルでは、メインのキーワードがないので引っかかりませんよね？

これでは見込み客は集まってこないですし、そこに気づかないまま、記事を一生懸命書き続けてもアクセスは安定しません。

だからこそ、リサーチをしてキーワードを選びニーズを確認したわけですが、大半の方が

「キーワードだけ」に目を向けて集客をしようとするケースが非常に多いのです。

例えば、**エステのお店**を経営している方ならば、**地域名＋エステ**という大きなキーワードで集客を狙いがちです。

もちろん、大きなキーワードであるほど検索される回数は多くなるので、そのキーワードを狙いたくなる気持ちは、すごく分かります。

仮に、地域名＋エステというキーワードで集客が出来たとしても、本当に大切なのはソコではありません。なぜなら……

地域名＋エステと言っても、痩せたくて打っているのか？　肌の美しさを求めて打っているのか？　どのぐらいの世代が打っているのか？　体のどこを施術したいのか？　価格が安い店を探しているのか？　興味本位で打っているのか？

大きいキーワードだけでは、あまりにも広すぎて何を求めているのかが見えづらくアクセス数が多い割には、成約が決まりにくいという現象が頻繁に起きやすくなってしまうのです。

地域名＋エステ＋痩せる、地域名＋エステ＋顔、地域名＋エステ＋太もも

このように調べた上で、自分のお店の強みに合わせてキーワードは選びます。

事前にそのキーワードの中に見込み客はいるのか？　仮にいるのならばどんな人が何を求めようとしているのかをちゃんと調べて把握した中でキーワードを選ぶこと。

これをやらないと魅力的なタイトルも作れませんし、Ｗｅｂサイトの中に書いていく記事の中身が大きくずれてしまいます。

■魅力的な記事タイトルの作り方

何かを調べるときは、ヤフーや、グーグルの検索窓にキーワードを打ち込んで検索結果に表示された各タイトルを見て、実際に見るか？　見ないか？　の判断をされると思います。

ネット集客の本質って、ただアクセス数を増やせばいいわけではなく、その一歩先にある成約や来店に繋がらないと意味がありません。

もちろん、アクセス数は多いに越したことはありませんが、アクセス数よりもアクセスの質の方が大事です。

だからこそ、記事タイトルは「見込み客」が分かるようなタイトルにしてあげてください。

要は、ブレインダンプ、リサーチを行ってマッチングした見込み客だけが訪問してくれればいいのです。

なぜなら、そのターゲットが行動を起こしたくなるような記事を書くので、他のぼやけたアクセスは不要となります。

例えばこんな感じの短めのタイトルを作ったとします。

「福岡の居酒屋で個室」

この場合は、地域名＋居酒屋＋個室だけのタイトルになるので仮に色々な方を集めることが出来たとしても、さきほどもお話しましたが、完全個室なのか？　個室は別料金なのか？　子連れでも大丈夫なのか？　と、人は様々なことを思い描きながら訪れるのです。

お店の個室体制がしっかりしていて、主にファミリー層の方に来店して欲しいのであれば、

「福岡の居酒屋で個室を希望――子連れのお客様も大歓迎」というタイトルの方が見込み客は反応します。

完全個室が強みなら、

「福岡の居酒屋で個室を希望――当店は完全個室部屋です」となり、

記事の内容はそれに合わせて、個室の写真を色々な角度から撮影して投稿すれば、お客様が行動を起こす確率は非常に高くなります。

ちなみにオリジナルの写真も検索エンジンに評価されます。

一つ一つを広く集めようとするのではなく、一つ一つを絞りながら自分たちの強みを優先して、リピーターを生み出す仕組みを作ってから大きく広げていくのです。

ポイントとしては、狙うキーワードはさきほどの例のように左に詰めて作成していきましょう。

福岡　居酒屋　個室で集客を狙うのならば、
福岡の居酒屋で個室をお探しの方——子連れのお客様も大歓迎というタイトルです。

「あなたに来て欲しい」と分かるような、魅力的なタイトルを意識して作りましょう。

最初は難しいかもしれませんが、リサーチとマッチングをしているのならば後半のタイトル（子連れでも大丈夫！　とか、打ち合わせに最適です）などを付け加えたタイトルが作れるはずですよ！

記事の書き方と色の使い方

ブログやホームページで記事を書くときは、相手のことを考えながら、ストレスを与えないように書きます。記事の書き方については人それぞれですが、簡単なポイントだけお伝えしますね！

まず簡単に出来ることは、**結論から先に話をすることです！**

記事の組み立て方としては

結論⇩各論⇩総論という流れが良いと思います。

また結論を書き終えた後に
各論や総論へと話をしていく内容を、目次としてまとめておくと良いです！

今はスマートフォンの時代ですから、文章が長くなる場合は目的の場所に辿り着くまでスクロールをさせていかないといけません。なので目次を作ってあげると良いです！

目次項目を取り入れるだけでも検索エンジンの評価は上がります。

また専門的な話になりますが、スマートフォンで読むときのことを考えて
訪問者が記事の先頭に戻れるように、スクロールをしながらＴＯＰに戻るボタンが表示されるようにもしてください。

今はスマートフォンからの対応を、きちんとしておかないと
ＰＣサイトの評価も大きく変わりますので、気を付けてくださいね！
記事の魅せ方と右頁の画像を参考にしてください。

無意識にストレスを感じさせてしまう例

よほどのことがない限り、訪問者は真剣に記事を読みません。「読みません」と書くと語弊があるのですが軽く流し読みをしている感じです。
あなたがインターネットを通じて文章を読むときもそういう感じではないでしょうか？　流し読みをしている感じなので、文章を横に長くダラダラと書かない方がいいのです。

「〜です。」のように字余りを起こしてしまうと、見た目もよくないですし、
文のはじめは、主語をもってくるようにすると相手も読みやすいです。

また、**「あなたが〜の方がいいです」**のようにブログやホームページは、横長で読ませると
目が疲れてしまいますし、ポイントも伝わりにくくなりますから
あまり長過ぎず、縦を意識してブロックに分けて書く方が
読みやすくなります。

僕はブロックに分けて、２・３行書いたら改行を
１、２行空けて書くことが多いです。

実　例

よほどのことがない限り、訪問者は真剣に記事を読みません。
読みませんと書くと語弊があるのですが、軽く流し読みをしている感じです。
（改行が入るまでが１ブロック）

あなたがインターネットを通じて、文章を読むときも
そういう感じではないでしょうか？
（次の1ブロック）

軽く流し読みをしている感じなので、文章を横に
長くダラダラと書かない方がいいのです。

応　用

特に伝えたい箇所がある場合は、文字のサイズを１サイズ大きくしてあげるといいですね。
文章の場合は、ある部分だけを大きくするよりも、
強調したいブロック全体を大きくした方がメリハリがつきます。

あなたがインターネットを通じて、文章を読むときも
そういう感じではないでしょうか？
（文字を大きく太くしてみる）

あなたがインターネットを通じて、文章を読むときも
そういう感じではないでしょうか？
（色を入れるときも所々に色をいれてもほとんど目に入らないので、
文章と同じでブロック全体に装飾した方が目に入りやすくなります。）

また色の付け方も同じで、このように強調（赤にする）したい部分の文字だけに色（赤）を入れていらっしゃる方が非常に多いのですが、

所々に色をいれてもほとんど目に入りませんので、文章と同じで文字に色をつけるときも、文章のブロック全体に装飾した方が目に入りやすくなります。

これらを基本にして取り組んで頂けたら幸いです。

次がとても重要です！

各記事を書くときは、早く商品を売りたい・集客させたいという気持ちを優先して書いてはいけません。

こういう気持ちって、リアルに対面で営業をするときと同じで、文章でも相手に伝わってしまいます。それでは、どういう意識の中で記事を書けばいいのかと申しますと、

読んでくれた方が、何かしら「行動」を起こしたくなるように書きます。

「へぇ〜役に立ったな〜　また訪問しよう」「次の記事も見てみたいな〜」「このお店ってどんな感じなのかな〜」「この人のことをもっと知りたいな〜」こういう風に思ってもらえるように書いていきましょう。

ある一記事を見ただけでは、まだ関係性も出来ていない状態なので、見込み客から信用してもらうことは出来ません。

このあたりは全体のデザインや、写真などを活用して補っていかないといけませんが、肝心なのは記事の中身です。

中身を通じて、行動を起こしたくなる気持ちのポイントが積み上がり、少しずつ信用に変わっていきますので、メンテナンスしていきながら、価値のあるWebサイトに育てていきましょう。

記事を書いていくと、本当に自分が狙ったキーワードでアクセスが来ているのか？
今何位ぐらいなのか？　などのチェックが必要になります。

ここでWebサイトに取り入れないといけないのがアクセス解析です。
無料のものから、有料のものまで数多くあります。

細かい分析をしていくためにも、グーグルが無償で提供をしている
グーグルアナリティクスとグーグルサーチコンソールを活用しましょう！

既に、この二つを取り入れて運営をされている方もいるかもしれませんし、
これから取り入れる方もいるかもしれません。

無料で使えますし、細かい分析などが出来るのですが、操作が難しいことで有名です。
書籍なども沢山出ていますが、それでも使いこなせないという声が多いのです。

そういう方のために弊社の方で使い方などの解説動画を、有料にはなりますがWebサイトで公開していますので、必要な方は検討してみてください。

ご案内ページは巻末にまとめて掲載しております。

クライアントさんの声

松野さんの塾で講師を務めている松原秀和と申します。

もう四年ぐらいでしょうか？

塾長には表面的なホームページ作成スキルではなく、マーケティングや、デザイン等を含めた深みのある内容をご指導いただいています。

悩んだ人は答えを求めてインターネットで調べるのですが、ヤフーやグーグルの検索窓に打ち込んだキーワードだけを見てもその人の過去や、生活背景は分からないものです。

だからこそ一章の部分を抑えておく必要があるのですが、
よく検索される単語はヤフーやグーグルで検索候補として確認できます。

多くの方は、このキーワードだけでホームページを作成して
検索者の悩みに対して、答え（記事）を返そうとされるのですが
答えは「ＮＯ！」です。

塾長と出逢うまでの私自身も、キーワードだけを見ていたので
痛感しているのですが、それだけでは、訪問者が何をどう知りたいのか？
それが全く分かりません。

だからこそ、ＳＥＯ専門として仕事をするなら深い知識や検証を

一つ一つしていかないといけませんが、
私達が身に付けることは基本的な部分だけで充分だと思っています。
そっちにばかりこだわるよりも、リサーチの方に時間をかけた方が
自分だけのコンテンツは生まれやすいです。

事前に調べた上で、お客様のことが分かるからこそ、
キーワード選定も生きてきますし、適切な情報（記事内容）も提供できる。
ごくごく当たり前のことですが、ほとんどの方がやられていません。
愛されるホームページを作るために必要なことなのにも関わらずです。

他の章でお話があると思いますが、デザイン面における
フォントの種類や大きさや、キャッチコピーを変えるだけでも
訪問者の反応は大きく変わっていきます。
ただ、これらも訪問者を知らなければ、適切なデザインはできません。

仮にデザイナーが作った何万円もする綺麗なデザインで展開しても全く反応が出ない方がいるのは、そのためです。

お客さまを知るためにリサーチがあり、そこができているからこそデザインも活かされていきます。

このようなことを一つ一つ、私は塾長からインターネット通じて商人としての考え方を教わってきました。

今は、表面的なテクニックだけを知りたい人ではなく、長期目線でブログや、ホームページを、自分の資産のつもりでしっかりと育てていくスキルが必要な時代になっています。

エッグジョブ・まごころ塾講師　松原秀和

第2章のまとめ

- テーマを決めたら、ブレインダンプを行ってみる
- ブレインダンプに対して、必ず事前のリサーチを行ってみる
- 伝えたいことと市場の悩みが一致するか？　マッチングをさせる
- マインドマップを使い全体像を作成して、設計図を作る
- キーワード選定について相手の気持ちを知ること
- 見込み客が分かるような魅力的なタイトルを作る
- 文章も色も一つのブロックとして魅せること

第3章

デザインの基礎を学ぶだけで差別化

最初の三秒ルールがあることを知る

なぜ、デザインの基礎を知る必要があるのでしょうか？

Ｗｅｂサイトに見込み客が訪問をしたときに中身を「見るか？　見ないか？」を検討するのに要する時間は三秒以内で決まると言われています。

実際はもっと早いと思います。

これは対面の第一印象と同じで、Ｗｅｂサイトもパッと見たときの印象があります。


デザインは「その後の行動」を決定づけていく一つになりますので、非常に重要です。

店舗経営をされている方は、Ｗｅｂサイトもお店のカラーに合わせて展開した方が違和感はなくなります。

まずは訪問者から直感的に見づらい、分かりにくい、主旨が見えないと「悪い印象」をもたれないようにすることが大切です。

そのためにも、最初に決めるべき部分がキーカラーと呼ばれている色を決める所からはじめていきます。

訪問者のためにキーカラーを決めること

Ｗｅｂサイトを作るときは、さまざまな色を使って装飾したくなるものですが、あまり使い過ぎるのは逆効果となりますので、ぶれないためにメインのカラーを決めていきましょう。

例えば、初心者の方がブログの記事を書くときは「目立たせることだけ」に意識が向いているので、濃い原色を文章の中に色々と使いがちなのですが、読まれていません。

読まれないと言うか、すぐに閉じられてしまいます。

濃い色は鮮やかでハッキリしているので、とても目立つのですが目立つからと言って、キーカラーを決めずに各色を使い過ぎてしまうと、結果的に何を伝えたいのか？ 訪問者してくれた方は逆に分からなくなります。

また明るく鮮やかな色って、目の疲れも誘ってしまうので長時間の閲覧に適していません。「このページ、なんかイヤ……」と、瞬間的に相手は感じてしまいます。

それなら、どうすればいいのか？ と申しますと答えは簡単です。各色を使いすぎないことと、濃い色を使わないことだけです。

濃い色の一歩二歩手前にある「落ち着いた色」を使うだけで見た目は大きく変わります

これが色についての基本的な考え方です。

実際に、色合いだけでテストをするとよく分かるのですが「色だけでこんな離脱率に差が出るの？」と驚かれるはずです。

基本的にWebサイトの全体像に使うベースのキーカラーを一色としたら、他は二色に留めての計三色にしておきましょう！

少なく感じるかもしれませんが、充分です。

画像（写真）には目的意識を持つ

次は、Webサイトに画像を使用する理由をお伝えします。
写真を使う理由って大半がお店の雰囲気を伝えたり、商品を見せた方が相手に伝わりやすいからだと思います。
もちろん、間違いではありません。

ただ、インターネットから訪れる見込み客の多くは普段から色々なページを閲覧している中で、あなたのWebサイトにやって来ています。

そのためにも運営者の僕たちは、画像に対して「意識」をしておくべきことがあります。

顔の見えないインターネットの世界において、第一印象が悪かった場合……、見込み客は基本的に戻って来ないぐらいの気持ちでいてください。

だからこそ、自分達が使う「画像」に大きな価値が出てくるのです。

一章でブレインダンプ、リサーチをしていますので、全体像は把握出来ているはずです。

そこに付加価値として画像を通じて、訪問者に何を感じて欲しいのか？

そして画像を見た訪問者の方が何をイメージするのかまで意識をして、画像を使っていけば反応は大きく変わっていきます。

飲食の店舗なら、美容室なら、個人の教室なら、どんな写真を見てもらうと、相手は関心を示してくれるのか？　安心してくれるのか？　信用を得られるのか？　商品販売がメインの場合も同じです。

しかし、ただ写真を使えば良いというわけではありません。例えば、小さな子供に向けた絵本は、絵だけで子供たちに伝えますよね？
自分もこういう風になりたい、自分もそこへ行きたいと目をキラキラさせながら未来を描くものです。

つまり、絵や写真だけでイメージさせるだけの方がいいのか？　絵や写真にキャッチコピーを入れた方がいいのか？　ここまで考えてテストを繰り返してみてください。

有料で人物画像などを購入できるサイトがありますが、この手の画像類は多くの方が使っていますので差別化になりません。出来る限りスタッフやお友達が可能であれば、オリジナルの画像を活用してください。

誰もが使っている画像よりも、オリジナル画像を作った方が検索エンジンは評価の対象を上げてくれます。

フォントは雰囲気を伝える役割

文字のフォントを変えるだけでも訪問者が抱くイメージは大きく変わります。単にイメージだけではなく、他の部分とのメリハリが効きますので、「伝えたいポイント」を目立たせることが出来るのです。

もちろん、ライバルと差別化をするためには文章の表現力が必要となりますが、インターネットの場合は文章の表現力は後からついてくるものなので、見た目の雰囲気が先だという認識で構いません。

はじめに訪問者に「読む・見る必要性がある！」と認識させなければ、いくら役立つことを一生懸命に書いてもまともに見てはくれません。

フォントだけで全体の雰囲気は一気に変わります。

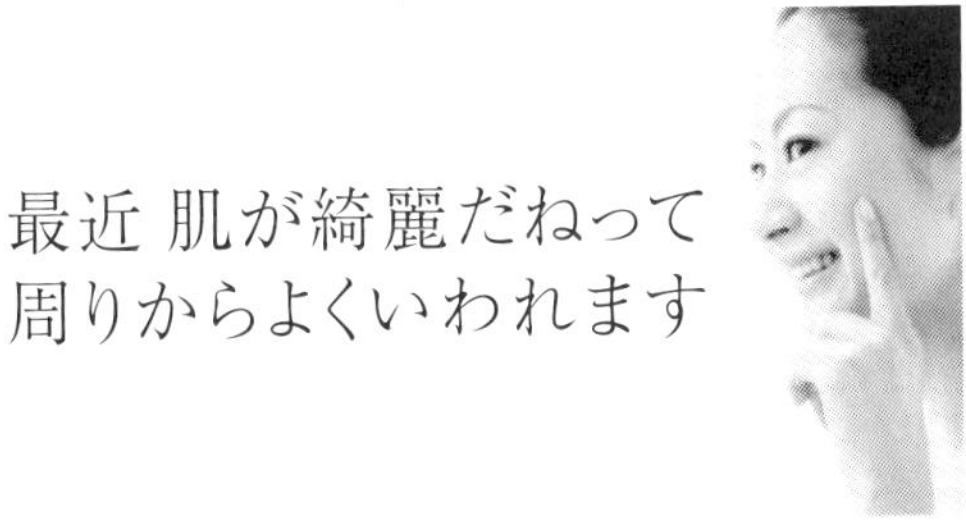
最近 肌が綺麗だねって
周りからよくいわれます

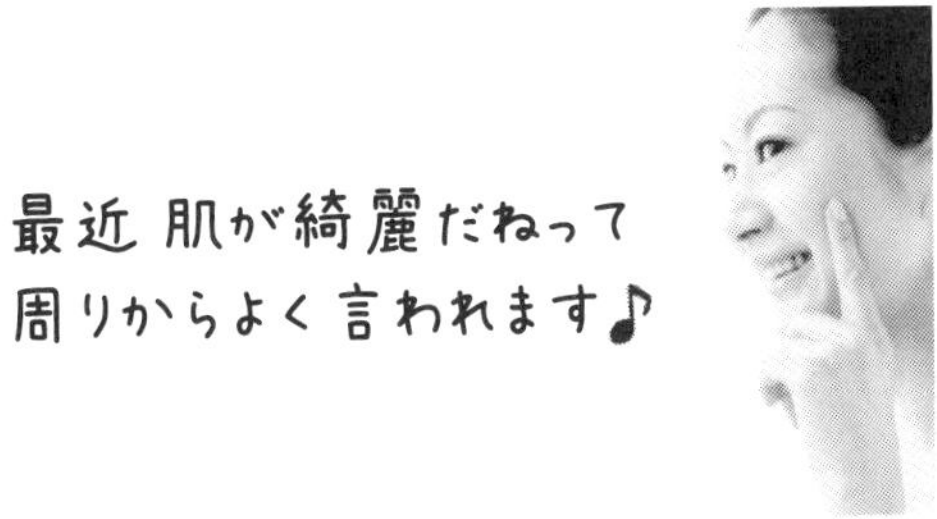
最近 肌が綺麗だねって
周りからよく言われます♪

本来は、もっと奥が深いのですが、フォントの役割としては、全体の雰囲気を伝えることだと思ってください

この雰囲気を視覚的に伝えてから、人は画像やキャッチコピーを瞬間的に読む行動に出ます。ターゲットによってフォントの役割は非常に重要な要素を含んでいます。

漢字の部分だけフォントを変えてみたり、漢

字だけサイズを大きくしたり、タイトルとサブキャッチのフォントを変えるなど、色々な工夫が出来ます。


アクセス解析で滞在時間を検証しながら、さまざまなパターーンでテストを繰り返して一番反応が良いものを公開していくようにしてください。

フォントまで気を使って検証している方は少ないので大事にしてくださいね！

ヘッダーとキャッチコピーが第一印象を決定づける

見込み客がWebサイトに訪問する際、最初に目にするのはヘッダー画像（キャッチコピー）です。ヘッダーとは？　Webサイトの上部にある部分を指します。

キャッチコピーは、このヘッダー画像に入っている言葉のことです。

これらを、瞬間的に訪問者が見たときに「どんなページなんだろう？　ちょっと覗いてみたいな～」という「行動」が決まる部分になりますので、かなり重要です。
この重要性を知って頂くためにも、キーカラー、画像を使う理由、フォントで雰囲気を出すことなどの基礎を、ある程度は理解しておかないと適当に作りがちになります。

訪問者にとって最初に目に入る部分がヘッダーになるわけですが、ただ、インパクトを与えれば良いわけではありません。例えばヘッダーの中に、色々なキャッチコピーをたくさん入れていらっしゃる方が本当に多いのですが、かなりもったいないです。

たくさん入れたい気持ちは分かるのですが、それでは余計に迷わせるだけですし、見込み客の方に本来の「価値」を伝えきれなくなります。

例えば、ヘッダーに創英角ポップのフォント等々を使って大きな文字で、Webサイトのタイトルを入れてみたり、「○○のブログです！　ようこそ！」と電話番号や地図を入れたり「○○町のエステサロンオーナー○○のホームページです！」などなど

ヘッダーに入れる「キャッチコピーだけ」を変えてテストした結果

トータルヒット	ユニークヒット	販売数	成約率
154	136	117	86.03%
142	136	113	83.09%
149	136	135	99.26%
141	136	121	88.97%
148	135	116	85.93%

ヘッダーの中に、なんでもかんでも詰め込み過ぎなんですね……

よかれと思って、自分の先入観だけで詰め込み過ぎてはいけません。

訪問者に「価値」を伝えるために、色、フォント、画像を通じて全体のイメージを、数秒で認識してもらう必要があります。その中に入れるキャッチコピーで、更に引き立てる感じです。

特にキャッチコピーの部分で、反応率は大きく変わります。

ヘッダーにいれる画像を交えた第一印象と、相手に価値を伝える役目を果たすキャッチコピーは「一心同体」だと思ってくださいね。

実際にデーターがありますのでご覧ください、このデーターはヘッダーに入れる「キャッチコピーだけ」を変えてテストしたものです。

これぐらい訪問者の行動は大きく変わります。それではキャッチコピーには何を入れればいいと思いますか？

例を挙げて、ＴＶＣＭでもお馴染みのニキビスキンケア「プロアクティブ」を、あなたが代理店としてインターネットで販売しないといけないとしましょう。

ターゲットは女性にします。

ニキビで悩む女性の方に対して、あなただったらヘッダーにはどういうキャッチコピーを入れますか？

第一章でお話をさせてもらいましたが、リサーチをきちんと行っていると、こういうキャッチコピーも出てきやすくなります。

しっかりと調べておかないと、商品を使った後の未来を訪問者がイメージ出来ないので、ありきたりなキャッチコピーしか出来なくなります。

例えば……

「プロアクティブを使えばニキビに悩むことはありません！」
「女性のニキビケアに最適なのはプロアクティブ！　まずはお試し！」
「プロアクティブは返金保証も付いているから安心！　今なら特典付き！」　など

こういうのが悪いわけではありませんが、誰でも思いつくキャッチコピーだと差別化ができません。

キャッチコピーで大切なのは、商品購入して使った後の「未来」を描いてあげることです。

例えば女性がターゲットになるわけですから、プロアクティブが良いということをキャッチ

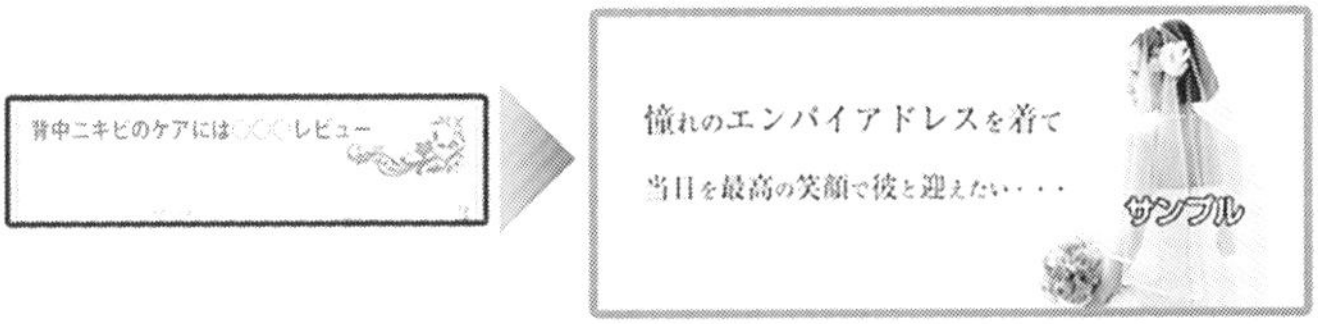

購入後のイメージを与えることが大切

コピーで押すのではなく、

「例えば、もう髪の毛で顔を隠す心配がなくなりました」

「今はファンデでごまかす必要がなくなりました」

「彼氏に最近肌が綺麗になったね！　と言われて嬉しいです」


このような未来を描いてあげることが大切です。

更に女性と言っても、一〇代後半から二〇代前半をターゲットにする場合と、アラサー世代をターゲットにする場合はキャッチコピーも変わってきます

もう一つ例を挙げましょう！

あなたがエステのオーナーさんだとします。くびれを作りたくてお腹周りを気にしている女性をターゲットにするな

ら、どんなキャッチコピーを作りますか？

よく広告などで見かけるのが、

「最新の○○を使って今なら○千円」とか、

「プロのエステシャンによる○○○」などです。

こういう伝え方よりも、
例えば、

「鏡に写る自分が今は大好きです！」とか、「もう友達の目線が気にならなくなりました」

の方が、先の未来をイメージ出来ると思いませんか？

ヘッダーに入れる画像をはじめ、特にキャッチコピーは商品を使って、
悩みを解決させる部分にアプローチをかけるのではなく、その商品に興味を持ち、
購買意欲を高めてもらうために、まだイメージが出来ていない自分の未来像を、
訪問者に伝えてあげることが非常に大切です。

ＧＩＭＰを使ってオリジナル画像を作ろう

よくクライアントさんに画像について相談を受けることがあります！

どういう内容なのかと申しますと、複数の写真を一つにまとめて文字を入れてみたいとか、この写真の一部を切り取った画像にしたいなど、要は画像の加工・編集スキルを学びたいという相談です。

パソコンの中には、最初から「ペイント」という無料のデザインソフトがインストールされているのですが最小限のことしかできませんし、一般的に有名なデザインソフトと言えば、フォトショップやイラストレーターが代表として挙げられるのですが、非常に高価です。

高価なソフトではあるのですが、今は月額一〇〇〇円前後で利用できるようになっています。

使用経験がある方なら、今からお話をするＧＩＭＰよりもオススメです。

GIMPの使い方

1章 GIMP のダウンロードとインストール

http://gimp.softonic.jp ←こちらからダウンロードできます

2章 GIMP のウィンドウモードについて

3章 画像を開く

4章 画像の切り抜き

5章 画像の保存方法

6章 GIMP のダイアログ

7章 拡大と縮小について

8章 操作履歴を取り消すには？

9章 レイヤーの考え方

10章 新規画像の作り方と新規レイヤーの作り方

11章 レイヤーの削除

12章 レイヤーを半透明にする・レイヤーの移動

13章 レイヤーの順序の変更とレイヤー名の変更

14章 レイヤーの統合

15章 レイヤーをグループとして管理

16章 選択範囲（矩形ツール）

17章 選択範囲（自由選択ツール）

18章 選択範囲（電脳はさみツール）

19章 画像の回転

20章 画像の縮小

21章 画像のぼかし

22章 画像を明るくする

23章 画像をモノクロまたはセピアカラーにする

24章 画像を合成させる

25章 文字に影をつける

26章 文字に縁をつける（文字を選択範囲にする）

27章 グラデーションをかける・作る

28章 ブラシの使い方

29章 パターンの使い方

30章 文字の入力

無料でオススメをしたいデザインソフトはGIMP（ギンプ）と呼ばれているものです。

最近では、GIMPの本もかなり出ているのでだいぶんメジャーにもなりました。

自分で画像の編集や加工が出来るようになれば、個人事業主さんの場合でしたら**外注費を抑えることも出来ますし、フォトショップが持つ機能に近いことができます。**


今回、弊社の本田がGIMPの使い方をマスター出来るように用途に合わせて三〇項目に分けていますので、一つ一つ見ながら触ってみてくださいね！

クライアントさんの声

村丸と申します、松野さんは今までの営業のお仕事経験をもとにしたノウハウを、Webサイト全体の構成、記事のライティング、デザイン作成に活かされているのでいつも勉強になっています。

魅力的なサイトは重要なポイントが抑えられているからこそ、読み手にとって興味を引くのだということがとてもよく分かりました。

今でもデザインの勉強をしています。はじめの頃はヘッダー画像のフォントの違いや色遣いで、こんなに第一印象が大きく変わるのかと驚きました。

「読み手の未来を描いてあげる」ということを意識すると、パッと見ただけでこんなに心をつかむことができるんですね。ちょっとの工夫で印象が大きく変わるので、ヘッダー画像やキャッチコピーの大切さを痛感しています。

本田さんのＧＩＭＰ講座も非常に分かりやすく、一通り動画を見ればキレイで目を引くヘッダー画像が作成できるようになります。

フォトショップで出来ることと、ほぼ同じことがＧＩＭＰで出来るようになったのでとても感謝しています。

村丸香織　https://www.facebook.com/kaori.muramaru

第3章のまとめ

- Webサイト全体のキーカラーを決めたら、残りは二色で抑えてみること
- 画像を使うときは目的を持ち、オリジナル画像で作成する
- Webサイトに合うフォントを選び、雰囲気を伝える
- ヘッダー画像は訪問者に未来をイメージしてもらう
- GIMPで画像の加工・編集スキルをマスターする

第 4 章

ソーシャルメディアの活用方法

アメブロをメインで運営するときの注意点

アメブロをメインのＷｅｂサイトとして運営されている経営者は、主に個人事業主の方だと思います。現時点で集客がうまくいっていない場合は、第一章の部分を徹底して頂けたらと思います。

二章の部分も取り入れて頂きたいのですが、ブログの場合タイトルの所しか強化が出来ません。ディスクリプションなどの説明文はＴＯＰページだけしか出来ません。

そもそも、アメブロを使う理由ってなんだと思いますか？　理由は簡単で、人が集まっているからです。ただ自分のジャンルに合う方がアメブロの中にいない場合は、アメブロを使うメリットがあまりありません。

メリットがないという語弊がありますが、ヤフーやグーグルなどの検索エンジンからの集客、ツイッターやfacebookページを使った集客に頼らないといけないという意味です。

企業としてアメブロを使う場合は、メインのWebサイトとは違うテーマで作りましょう！

例えば、結婚相談所のWebサイトがあるとしますね。その中でアメブロを使う場合はバツイチの方を対象にして作るという感じです。

バツイチの方を対象としたアメブロを作るときも一章の部分からはじめていきましょう！
繰り返しますが、アメブロを使う理由は、アメブロに人が集まっているから使います。

アメブロの中には、「ぐるっぽ」というコミュニティサイトがあって、各ジャンルに対して興味があるものにアメブロユーザーが参加しています。

これらの中に自分のビジネスが当てはまっていて、集客がうまくいっていないのなら一章の部分から見直していくと、こういう現象を起こすことが出来ます。


一章と二章の記事タイトルの部分を強化して、検索エンジンからも集客出来る。

あとからお話をするアメブロを利用するメリットを活かして、アメブロからも集客する。

この二つの集客が可能になります。


逆に自分のビジネスがアメブロの中で当てはまらないのであれば、アメブロの運営をやめてＷＰ（ワードプレス）を使ったＷｅｂサイトの切り替えをオススメします！

ＷＰもブログではあるのですが、ホームページのようにＷｅｂサイトとして運営が可能です。

昨今のホームページと呼ばれる媒体は、大半がこのＷＰを軸にして作られています。

アメブロからWP（ワードプレス）に引っ越すべきなの？

「最近のアメブロは商用利用として厳しくなっているから、もう集客には向いていませんよ」「今なら間に合いますのでアメブロに書いた記事をバックアップ取って、今流行しているWPに引越しするべきです。今なら○○万で設置代行しますよ」

みたいな電話や、メールがネットの業者さんから来たことはないでしょうか？

もしくはそういう記事を見て不安になったことはありませんか？　こういう情報がインターネットの中では、結構流れていて、代行されている業者さんも沢山いらっしゃいます。

よろしいでしょうか？　そもそも、アメブロでネット集客がまともに出来ていない、リピーターを生み出す仕組みも出来ていない、キーワード選定もよく分からない中で、WPに引っ越しをしても全く意味がありません。

確かに、商用目的としてアメブロを利用している方が増えたので、昔よりは削除されるケースも増えたと思います。ただ、削除に対する本当の理由は利用者では分かりません。

未だにビジネス色が強くても残っている方もいますし、削除されている方もいます。店舗系のブログは削除されていない方が多いのも事実です。

ただ、商用利用としてアメブロを運営する場合、無料で利用するのは良くありませんし、無料だとアメブロ側の広告が表示されますから、有料プランに変更をしてください。

有料プラン（月九八〇円）に変更をすると広告が外せますので、最低限広告を必ず外してから運営しましょう。詳しい内容はこちらをご参照ください　https://premium.ameba.jp/pc/#adpremium

ＷＰ（ワードプレス）の場合は、ヤフーやグーグルの検索エンジンからのアクセスがメインの集客となりますので、芸能人ならまだしも設計図も、キーワード選定もしていない中で、普通に日記を書いていても安定したアクセスは見込めません。

アクセスが安定しないからこそ、アメブロの記事を書いて facebook の個人アカウントを使ってブログにアクセスを流そうとされている方ばかりなのです。

最終ゴールや全体のコンセプトを決めていない中で、アメブロでの運営を中断してＷＰに引っ越しをするぐらいなら、冒頭でお伝えしたようにアメブロでやるべきことと、ＷＰでやるべきことを分けた方が良いと思います。

また、アメブロで下手なことをすると削除されやすいのは、今ではかなり認知をされているからこそ、バックアップを取ることを進める業者さんがたくさんいるのですが、

基本的にアメブロでバックアップした記事はＷＰに使うものでもありません。アメブロで使

うものです。

なぜなら、ヤフーやグーグルの検索エンジンから見ればインターネット上に同じ記事が二つ存在していると判断するので、重複した内容として後に作ったＷＰの方が検索エンジンからの評価をもらいにくくなります。

ＷＰに引っ越すのならば、アメブロのデーターは全部消すべきですし、アメブロを残したいのならテーマを変えて作り直した方が良いです。

アメブロだけにするのか？　ＷＰだけで何をするのか？

一つの目的に向かってテーマを分けて運営をしていくのか？

こういう部分まで考えてから決断をしてくださいね！　このように迷わないようにするためにも設計図を作る重要性を再認識して頂けたらと思います。

アメブロで集客したいなら独自の機能を活用する

それでは、アメブロの中に見込み客がいることを前提として、アメブロ集客を加速させるために運営者として頑張るべきポイントをお伝えしておきます。

その1　読者登録は必須の作業

ネット集客はヤフーやグーグルの検索エンジンから訪問してもらうのが基本でしたよね。TOPページやキーワード選定をした上でタイトルを決めてから、記事投稿をしていきましょうとお伝えしたと思います。

しかし、ライバルとなるページ数が多ければ多いほど、ヤフーやグーグルには検索順位が存在しますので、アクセスが安定するまではそれなりの時間を要することになります。

その期間を短縮してくれるのが、アメブロの読者登録機能です。

読者登録は一日に五〇件登録をすることが出来るので、この機能を活用して検索エンジンにはないアクセスを呼び込みます。ただやみくもに登録しても意味がありませんので、アメブロの中にある「ぐるっぽやランキング」などを参考にしていきます。
見込み客になってくれそうな方を見つけながら、読者登録をはじめてみてください（やり方はこれからお伝えします）。

ぐるっぽ　http://group.ameba.jp/category/list/
ランキング　http://ranking.ameba.jp/genre/category
アメーバー検索　http://search.ameba.jp/top.html

＊当たり前ですが、読者登録をする相手は同業者にしても意味はありません（向こうもビジネス目的ですから……）。

またアメブロの更新をしていない方、読者登録ボタンを隠している方、ブログの中にある、お気に入りの表示をしていない方は、読者登録をする必要はありません。

これらの理由も、アメブロの特性を活かすことが出来ないからです。

読者登録をすると、相手のアメブロ管理画面を通じて読者登録をされたことが分かりますので、どんな人が登録してくれたのかな？　と興味を示す傾向が強く、訪問されやすくなります。

このメリットがアメブロにはあるからこそやるべきと言っても過言ではありません。無料でアクセスを集めることが出来ているのと変わらないのですから……。

読者登録で大切なのは、読者登録返しをしてくれそうな方に向かって登録をするのではありません。

自分のビジネスに興味を示してくれる人に対して登録をすることがポイントです。

また読者登録は「最大一〇〇〇人まで行うことが出来るのですが、地道に登録をしていくと一〇〇〇人の登録は一カ月強で終わります。

当然、こちらが読者登録をしても、相手がこちらに興味を示さずに読者登録返しをしてくれないときも多々あります。

そういう場合はこちらで読者登録をやめると、その分が整理されますので、また新規で登録が出来るようになります。

その2　アメブロの「ペタ」も有効

アメブロの中で一番がんばらないといけないのは「読者登録」になるのですが、もう一つアクセスアップに有効な機能があります。それが「ペタ」や「いいね！」機能です。

見込み客となる方に「ペタ」や「いいね！」を残すことで、読者登録と同じように相手からのアクセスをもらうことが期待出来ます。一日の制限回数は使用変更により変わりますのでここでは明記しませんが、使用変更が起こっても、どちらも最低一〇〇は付けられるとは思います。

これらの機能は手軽な分、ビジネス目的の方が各自で作られたアメブロ専用のツールを使って日頃からやっていますので、昔よりも効果は落ちてはいますが、やらないよりは、やった方が良いです。

ただ、アメブロ自体に負担がかからないように優良なツールを使ってください。ツールを使うことに抵抗がある方は手動で地道にやるしかありませんが、誰もが日常の仕事があります。

読者登録や「いいね！」などを手動で行うと一時間や二時間では不可能です！

だからこそツールを使うと考える方が無難です。やりたくないのならば記事タイトルなどで集客が出来るように頑張れば良いだけですからね！

ネット集客のためにツールを使うという認識は、何かの表を作るのに定規を使って線を引いて作るのではなく、エクセルを使って短時間で表を作成するのと同じで時間を短縮する上でも必要だと思います。

賛否が分かれると思いますので、必要な場合はお問い合わせくださいね！

クライアントさんの声

長沼と申します、私は新宿で整体・鍼灸院を経営しています。

三年前にネットからの集客を考えておりました。

昔から松野さんのメルマガを購読していましたので、

店舗集客に対するネット展開を相談させてもらい基礎から学びました。

はじめのブレインダンプからの大きなメリットとしては、今まででしたら

自分の価値観だけで作成していたので、手が止まる傾向にありましたが

今でもずっと続けることが出来ていることです。

そして、自分しか知らない「集客キーワード」も分かるようになってきました。
設計図から見直したお蔭で自分の得意な部分を知ることも出来ましたし、
新しいアイデアも生まれて、次の展開を考える力も身に付きました。

このブレインダンプからはじまった私のアメブロは、自分が思っていた以上の
結果が起きました。自分でも想定していなかったキーワードから集客が起き始め、
今までその患者さん達を見落としていたことに気がついたのです。

お陰さまで遠方からのご連絡をいただけるようにもなりましたし、
驚くことに、口コミが起きて新聞にも掲載されました。

私は若くはありませんが、ネット集客以外の大切な部分も、
松野さんからたくさん学ばせて頂き、何度も添削に付き合って頂き
今でも本当に感謝しています。

松野さん、いつものようにまっちゃんと呼んだ方がいいかもしれませんが、
また腰が痛くなったらいつでもお待ちしております。
私のゴッドハンドで解決してさしあげます。いつもありがとうございます。
東京新宿の整骨院　テラフィ　あけぼの橋
http://ameblo.jp/therapy-akebonobashi

① facebook 頼みになっていませんか？

もし、明日から facebook が使えなくなったらどうしますか？
どうやって自分のことをはじめ、イベントなどのお知らせをしますか？
非公開のグループ内で、やりとりしている方との連絡手段は、
他にも用意をされていますか？

facebookやLINEだけのネット集客に頼ってビジネスを行おうとしてはいけません。Webサイト（ブログ）やメルマガなども含めた中にfacebookもあるだけです
そもそも、facebookを利用する目的は明確に決まっていますか？

②facebookの個人アカウントは集客ツールではない

facebook（以下、FB）の利用者は本当に増えましたね、しかし、時の流れは残酷で一〇代〜二〇代の子たちはインスタグラムがメインになっています。

「FBやっていますか？」と交わされることも少なくなってきましたが、
FBページはネット集客として大いに活用出来ますので大丈夫です！

勘違いしてはいけないのが、個人アカウントで集客をしようとすること。

例えば、「店舗集客目的でアメブロに書いた記事をFBでブログを更新しました」と、ニュースフィードに投稿している光景をよく見ませんか？

実はこれって全く意味がないことです。

よほどの内容じゃない限り、あなたもアメブロまで覗きに行こうとは思いませんよね？

せいぜい、お付き合い程度に、「いいね！」を押すぐらいでしょう……。

なぜ、意味がないのでしょうか？　それは、そもそもの利用目的が違うからです。

FBの個人アカウント内で繋がったユーザーを、アメブロに集めてもビジネスには繋がりません。


自分のビジネスに繋げたいのなら、個人アカウントからFBページへ誘導するか、FBページから広告を打って集客をした方がベストです。

③facebookページを使う理由

個人でFBをあまり利用していなくても、アカウントさえ所持しておけばFBページを作成することが出来ます。

なぜ作った方が良いのかといいますと、

ヤフーやグーグルの検索エンジン経由で閲覧することが出来るからです。

基本は設計図からにはなりますが、ブレインダンプからの
リサーチでマッチしなかった内容を元に、

最初のテーマから少しずらした関連性のあるテーマがないかを
ブレインダンプを見て確認してみてください。

一つだけしか出てこなくても構わないのですが、出来れば二つ出してもらうのがベストです。

なぜ、関連するテーマを見つけないといけないのか？
それはツイッターとＦＢページで活用するからです。

この本では、サテライトサイトを大量に作成して行うＳＥＯ対策は推奨していませんが、
ソーシャルメディアからの被リンク効果をはじめ、検索エンジン以外からの流入元として

ソーシャルを活用することは推奨します。

推奨はいたしますが、既にWebサイトで投稿した内容の一部を切り取って
ソーシャルメディアに使うことは、重複した内容と見なされてしまいますから
オススメ出来ません。

なので、ソーシャルメディアで活用する内容はメインテーマから
少しずらした関連性の高いテーマで投稿をしていきます。

例えば、設計図を通じて大人ニキビ専門のWebサイトを作ったのならば、
FBページは、美肌になるための食事の見直し方などでも良いですし
ツイッターを活用するのは、洗顔石けんに特化したレビュー投稿などです。

メインに関連しているものであれば大丈夫ですが、ソーシャル運営も一つの
テーマに特化して運営していきましょう！

ソーシャルも関連するテーマで地道に育てた方が運営はしやすいですし、そういう媒体からメインのＷｅｂサイトを紹介すると、ヤフーやグーグルからの評価が高まりますので、更にメインのＷｅｂサイトからの集客が期待出来ます。

ツイッターのアカウント名、ＦＢページ名は、検索エンジンに拾われますから、適当に付けてはダメです。

一章や二章で学んできたキーワード選定を意識して作成してください。

ツイッターはユーザー名が最大一五文字までです。キーワードを意識してユーザー名を作成します。名前は二〇文字までです（この名前が検索エンジンに拾われます）。

ＦＢページは、二八文字〜三〇文字でタイトルが作成出来ます。
最初はＵＲＬ名が自動割り振りなので変更をした方が良いです。
ただ、変更するためには「いいね！」を二五以上行わないといけません。

この場合は、FBで広告を一日数百円単位で構いませんので「いいね！」を増やすためだけの広告を配信しましょう！

またFBページの各投稿に対して、どうしても見て欲しいページだけに広告を打つことが出来るので、流入元を増やすためにも検討してみてください。

費用をあまりかけたくない方が多いと思いますが、FB広告の場合は、個人が情報を出しているからこそFB広告を打つ意味があります。

地域や年齢・性別は当たり前なのですが、スマホの端末ごとに分けたり（例えばiPodやアンドロイドからの利用者）、または大卒は大卒でも早稲田卒のみの指定や、○○会社に勤めている方のみ、などの細かい設定をした上で広告を出稿することが出来ます。

金額は自分で決めることが出来ます！

少し管理画面が変わっていますが、やり方が大幅に変わっているわけではないので当時作成した広告の出稿の仕方の動画を掲載しておきますね！

https://www.youtube.com/watch?v=qtxV7qaVI34

アカウントを作成されるときは、どちらともＵＲＬを入力する欄があります。ここにはメインのＷｅｂサイトを入力してください。

ＦＢページは完全にＨＰと同じ扱いなので文字数は多い方が評価されます（ブランドサイトほど長くなくてＯＫ）。

スマホから閲覧する人がほとんどなので横に長すぎないようにしましょう（横に一九文字ぐらいがベスト）。

どちらも毎日徹底しないといけないわけではありませんのでアクセスの流入元を増やすための手段として育ててあげてください。

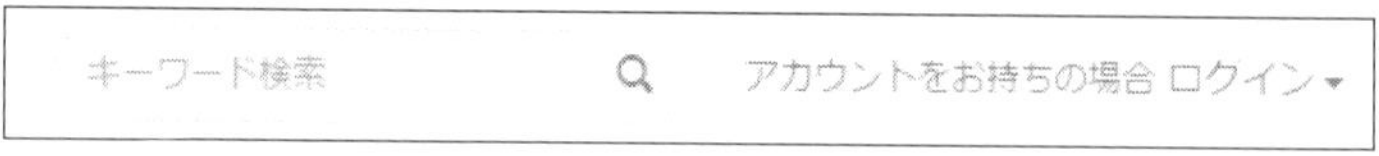

ツイッターの場合、関連テーマからずらさずに投稿をしながら、
地道にフォロワーを集めていきます！

投稿は数日に一回でもOKですが、一四〇文字フルに使いきりましょう！

仕事の休憩時間などを活用すれば、投稿は出来るはずです。

ツイッターの検索窓に関連するキーワードを入力すると
それに興味がある方、それを専門にしている方が出てくるので
手動で相手をフォローしてください。一日に一〇人ぐらいでOKです。

ツイッターやFBページの投稿が安定してきたら、メインのWebサイトの中で
見て欲しいページを紹介していきます。ここぞというときで大丈夫です。
基本は検索エンジンからの集客が重要になりますからね。

次に、日本のニュース記事配信サイトが、記事を最も多く配信している

一一時台は記事の拡散力ってそれほど高くないみたいです。

ツイッターだったらＡＭ五時台、ＦＢはＰＭ一五時前後、二一時以降に投稿された記事が多くて、リツイートやシェアをされ、拡散しやすい傾向があるみたいです。

ツイッターの時間帯の拡散力は、他の時間帯の一・五倍あり、ＦＢは一・四倍らしいです。

朝一番にツイッター、就寝前にはＦＢという感じですね

ビジネスマンだと早朝、女性向けの記事なら、夕方以降を狙うと拡散されやすいという感じです。

ＦＢ・ツイッターが定番ですが、「はてなブックマーク」は必ず使うようにしてください。

理由は、はてなとグーグルは業務提携しているのでメリットが高いからです。

アカウントについては、グーグルアカウント（Ｇメール）などを使っていればすぐに使える

ので大丈夫ですので、グーグルのアカウントをお持ちではない方は取得してみてください。

はてなブックマーク数が多いほど、検索エンジンからあなたのWebサイトが評価されていきます。ただ、よほど良い記事を書かないとブックマークはしてもらえません。

しかし、はてなは親切でして自分のWebサイトに対して、一日一回ブックマークすることが許されています。同じページに何度も出来ませんが、一つでもあるのとないのでは違いますので、少しずつやってみてくださいね！

第4章のまとめ

- アメブロを使う場合は見込み客がいるかを確認独自の機能を使いこなすこと
- アメブロとFBは集まっている層が違うことを知る
- テーマを振り分けてfacebookページとツイッターを運営する
- はてなブックマークを取り入れていく

第5章

リピーターを生み出すメルマガの有効な活用法

メールマーケティングのスペシャリストから学んだこと

サラリーマン時代から独立までを通じて、僕にたくさんのことを伝授してくれた大恩人に、松原智彦さんという方がいます。

松原さんはメールマーケティングのスペシャリストで、メルマガを使ってお客様との信頼関係を高めていきながら、リピーターを生み出すさまざまな戦術を熟知している方です。

これまで、本格的にメールマーケティングを活用してこなかった企業に取り入れることで、前年度を大きく上回る実績を何社も作られてきました。

松原さんには、メルマガやネット以外のことでも本当に数えきれないほど教えを頂き、今に至るのですが、**アクセスが集まるサイトに育ちはじめたらメルマガは必ずやってください。**

この章ではメルマガに特化して、松原さんから学んできたことをお伝えしていきます。

●これからもメルマガが終わることはない

最近では、「もう、メルマガは終わった！　これからはソーシャルメディアの時代だ！」と大声で言っている方があるので、このような風潮があると思われる方もいるかもしれませんが、全くそんなことはありません。もしそうならば今の僕はいません。

ツイッターをはじめ、アメブロ、facebook、はてなブックマークなどのソーシャルの新規登録は、メールアドレスを入力してから新規アカウント取得をするわけですよね？
逆にソーシャルがなくなっても、メールがなくなることはありません。

今はfacebookやLINEが流行しているので、メール（メッセージ）のやりとりも、これらをメインに使われることが増えています。

しかし利用者の使用頻度が減り始めたとき、自分の手元に顧客リストが残っていないと、先が非常に苦しくなります。パソコンのメールだけは常に一定であるわけですから、根元の部分を大事にしていきましょう。

Webサイトの集客だけに目を向けている方が多いのですが、メルマガの利用は必須だと思ってください。必須と言いますか、Webサイトとメルマガはセットです！

設計図の組み立てだけではなく、メルマガの活用もクライアントさんたちが、非常におろそかにしている部分です。Webサイトはアクセスをしてもらわないと見てもらえませんが、メルマガはこちら側から積極的にプッシュすることが出来ます。

Webサイトやソーシャルメディアを活用する本当の目的は、ただの集客・販売だけではなく、**顧客リストを持つためにある**と言っても過言ではありません。

顧客リストと言いますか、関係性を維持しながら最終的に自分たちだけのコミュニティ化を目指していくような感じです。

ただ、勘違いをしてほしくないのですが、メルマガを使うということは「売る」だけのために活用するのではありません。「関係性の維持」をするために使います。

顧客リストがない中で、ソーシャルメディアからだけの集客を求めると、今後もうまくいくまで人が集まる場所を追いかけていかないといけません。

自分だけの顧客リストをしっかりと持っていれば、仮にブログやホームページが、何らかのトラブルでなくなってしまっても、改めて新規で作ったときはメルマガを使ってお知らせをするだけですぐにアクセスを集めることが出来ます。

つまり、メルマガで関係を維持しながら信頼関係が出来てくれれば、メールを一通流すだけで、既存のお客さまに再来店してもらうことが出来ますし、商品の提案も自然に出来るようになるのです。

メールを活用していく中で注意点があります。特定電子メール法に基づき、発行者情報（名前・住所・メールアドレス）は必ず明記した上で配信をしていきましょう。

●発行者情報

発行者：○○○○↑発行者の氏名

問い合わせ先：xxxxxxx@gmail.com ↑相談・クレームなどの受付先

連絡先：http://xxxxxx..com/ ↑誘導先に住所の記載

購読解除：http://blog.mag2.com/m/log/0000225720/ ↑解除先ＵＲＬの記載

さきほどから、メルマガとかメールという表現を使っていますが、本当はメルマガではありません。これから配信者として意識をしないといけないのが、メルマガを書くではなく「お手紙を書く」という感覚を持つことが大切です。

簡単に言うと同じ文字情報でも、ブログやホームページのWebサイトは、「文字」としての認識が強く、メルマガは「言葉」の認識が強くなります。つまり、読み手の受け取る「印象」が全く違うということです。

他の章でお伝えしたようにブログやホームページは、ターゲット・キーワード・タイトルを決めて、そこに対しての答え（記事）を書いて返していきますよね。これによって行動を起こしてもらいやすくは出来るのですが、私「だけ」のためにとは思われにくいのです。しかし、メルマガの場合は「自分だけ」に届いたものだと感じてもらいやすくなります。

そもそもメールを利用するという行為は、相手との連絡やコミュニケーションを取り合う手段として、普段の私生活で、頻繁に活用されているからなんですよね！

Webサイトは、自分がリサーチしてきた「あるターゲット層」に見てもらうための情報で、メルマガは「個人」に届ける情報という認識です。それも踏まえておさらいです。

Webサイトは、ある程度のロジックを仕込んで集客・販売に繋げていく。
メルマガは、お手紙として関係性を保ちながら感情で集客・販売に繋げていきます。

繰り返しますがメルマガはお手紙です！　集客・販売だけに焦点を当ててメールを書いていると、読者さまには露骨に伝わりますので気を付けてくださいね！

最初の目的は関係性を作りあげること、そして、この関係性をいつまでも維持をするためにメルマガを活用しているという意識を忘れないでください。

よくクライアントさんにメルマガの読者数が五〇〇〇人いるのだけど、自社商品をセールスしても売れないとか、年末セールのお知らせをしてもお客さんが来てくれないというご相談をよく受けるのですが、それは関係性の維持が出来ていない証拠です。

そもそも、読者数が五〇〇〇人と言っても、この中でいつも読んでくれている精読者が本当の読者数となります。だからこそ、精読者を増やすためにも絶対数を増やすことが大事です。

絶対数を増やす努力が必要な理由

現在、メルマガを配信されている方も、これからはじめる方も含め、必ず覚えておいてほしいことがあります。

ここは、僕も松原さんに叩きこまれた部分なのですが、

自分がお手紙を流した反応率は、これからの勉強と経験で伸びてはいきますが、ある一定の限界地点が必ず出てきます。その限界地点というのが、あるときを境に反応率が一定になっていくことです。

簡単にまとめると、仮に反応率が一〇％としますね。五〇〇人の読者さんがいるなら一〇％なので五〇人となって、五〇〇〇人の読者さんがいるなら単純計算で

五〇〇人になるという感じです。

つまり、同じ内容で配信をしても、絶対数に対しての反応率が一定でも、母数が増えるだけで結果は大きく変わるということです。これがメルマガのパワーだと思ってください。

だからこそ、絶対数を増やして、精読者となる方を増やす努力が日頃から必要になっていきます。

絶対数を増やす方法はたくさんあるのですが、今回は二つに絞ってお話しします。

単にWebサイトの中で登録フォームを設置しても「読む理由」がなければ、特に今は簡単に登録をしてくれませんので、メルマガを読む理由を明確化する必要があります。もちろん、フォームは設置してもらっても構いません。

ただ、設置だけで終わってしまうのはもったいないので、もう一歩踏み込みます。

●絶対数を増やす方法

その１　ブログやホームページにメルマガを読む理由を伝えるための新規記事（ページ）を一つ用意して、そのページからそのまま登録フォームへ誘導する。

メルマガを読むことで相手が得られるメリット明記したページを用意してあげるだけでWebサイトの横あたりに設置しているよりも増えやすくなります。

どういうことをメルマガでは書くのか？　なぜ、読んでほしいのか？
メルマガを購読すると、読者としてどういうメリットがあるのか？

このような記事ページをシンプルで構いませんので、用意してください。

次が大切なのですが、メルマガ購読をした後には登録完了の返信メールが相手に届くようになっているのが普通です。自動で届く内容の大半がこのケースです。

「○○さま、この度は○○のメールマガジンにご登録をして頂いてありがとうございました。無事に登録が完了しましたので今後とも宜しくお願い致します」みたいな定型文。

これで終わらせるのではなく、しっかり自分の「想い」を詰め込んだ返信メールにしてください（無料メールスタンドの「まぐまぐ」ではこれが出来ません）。

なぜなら、このときに購読を続けていくのか、続けていかないかが決まると言っても過言ではないからです。

●絶対数を増やす方法

その2　次に、テーマによっては配布できない場合もあるのですがメルマガ購読の代わりに、E-BOOKを作成してプレゼントをするのも読者を増やす一つの手段です。

E-BOOKって何かといいますと、自分が持っている役立つノウハウやテクニックをPDF化したものを指します。音声や動画なども付けるとなお良いと思います。

例えば美容師さんのＷｅｂサイトならば、リサーチをしたときに髪のスタイリングがうまくいかないなどの悩みが多かったとします。

このような悩みを一つピックアップして、髪のスタイリングが上手になるコツみたいなノウハウを、Ｗｏｒｄで作成しPDF化したものをプレゼントするという感じですね。

さきほどお伝えした、メルマガを読む理由を伝えるための新規記事（ページ）の中に、これらの内容を付け足して、更に画像なども付け加えてあげると興味も沸きやすくなります。

ＰＤＦのデーターのアップロードは、既にＷｅｂサイトを運営していくためにレンタルしているサーバーにアップすればＯＫです。

サーバーにアップされたらさきほどお伝えしたメルマガ登録後に送られる返信メールの中に、データーをアップしたＰＤＦを開けるＵＲＬ先を明記しておくだけです。

またアメブロをはじめ、無料ブログサービス類は、画像はアップできますがＰＤＦ関係のデーターはアップできない所がほとんどです。

アメブロだけがメインとなる場合は、無料サーバーなどもありますのでこちらをレンタルして、データーをアップされるといいと思います。

ＦＣ２ホームページで十分補えます　http://web.fc2.com/

●メルマガはどういう風に書けばいいのか？

基本的な部分は一通りお伝え出来たと思いますので、ここからはメルマガを活用していく上で大切な部分に触れていきます。そもそもメルマガって何を書けばいいのだろう？

また、どういうテクニックを使って書けばいいのだろう？　と素朴な疑問があるかもしれません。僕も松原さんに出会うまでは同じようなことを思っていました。

そんな状態の僕に対して、松原さんが笑いながら教えてくれた最初の一言が

「あのね、まっちゃん（僕）、自分らしく書けばいいんだよ」でした。

非常にシンプルな答えなのですが、こういう風に書かないと読者からは反応が取れませんという内容ばかり見ていた僕にとっては、「自分らしく」という答えがなかったので、なんか斬新な、気づくと言いますか驚いた記憶があります。

実際に書きはじめてもいない中で、先にテクニックを知りたがっていた僕の固定概念を、ワンパンチで崩してくれた意味のある一言でした。

どんな所にテクニックが必要になるのかなんて、日頃から書いていかなければ分かるはずがありませんもの……

自分がインターネット販売（アフィリエイト）で学んだことや経験したことを伝えたいという思いは常に持っていたのですが、その奥にある最終地点が「関係の維持」ではなく、「売る」方ばかりに焦点が当たっていたことを、僕と話をしている中できっと松原さんは見抜いていたんだと思います。

これらを踏まえて、現在お手紙を配信されている方も、またこれからお手紙を配信していく方も、昔の僕みたいに難しく考えず、**登録してくれた方が喜んでくれること、役に立ったと思ってもらえることを自分らしく書いてみることが大切です！**

なぜなら、あなたのお手紙なのですから……。

しかし、だからといって購読してくれている方のことを考えずに自分軸で書けば良いということではなく、上手い下手の前に自分にしか書けない想いや、お手紙から伝わってくる雰囲気、言葉の使い方がありますので、テクニックよりも基本的なことを大事にしてくださいね。

どんな内容を書けばいいのか？　分からないとネタに困る必要もありません。
これはどういうことかと言いますと、ブレインダンプしてマッチしなかった部分からピックアップしていけば書く内容には困らないと思います。

マッチングしていない内容を書いていいのだろうか？　と不安に思われるかもしれませんが、そもそものテーマからは大きくズレているわけではないので大丈夫です。

配信者が気づかないだけで、どういう内容がキッカケでファンになっていかれるのかは、読者さんそれぞれが違います。人の生活スタイルは顔が違うように各人で違いますので、どこがキッカケになるのかは分からないものなのです。

もちろん、配信する内容については一貫性が必要です。一貫した内容に対して興味を示す人もいるでしょうし、そこではなくて、配信者の考え方や趣味に共感してくれる人もたくさんいます。

人は自分の人生を歩む中で、色々なキーワードを積み重ねながら生きているからです。

僕が読者だったらバンドでギターを弾いていたので、仮に松原さんがお手紙の中でギターの話をされたら必ずそこに目が行きます。勝手に親近感がわいていきます！　これがメルマガの凄さです。

またメール本文を書き終えたら、編集後記という項目を作ってみてください。

この編集後記は、読者さんもかなり見られる部分なので、この部分に趣味の話、日々の出来事で感じたことなどを書かれると良いと思います。

関係の維持を保つためにあなたがやるべきこと

その1　メルマガの配信をはじめると、どのタイミングで商品の提案や、セミナーの募集、イベントの告知をすればいいのか？　と思われているかもしれません。

目安として、少しずつ読者さんから感想や相談などが届きはじめてきたら、提案しても大丈夫だと思います。

読者さんからの感想、相談って、実はすごく難しいと言いますか、読者側からすると、すごく勇気が必要なんですね。

その中で送ってくれていることは、お手紙がしっかりと読まれていますし、少しずつ伝えたいことも伝わっています。

読者さんからの質問や、感想をもらいやすいように、**配信者側から編集後記の中に、何かの質問を読者さんに投げかけてみたり、質問や感想フォームを作って送りやすい環境を作ってあげるのも良いと思います。**

別のE-BOOKや音声などのプレゼントを用意して、アンケートを取るのも一つの手段ですね。

その2　はじめのうちは、配信曜日・時間にも統一感を持たせることが大事です。

（毎週何曜日の何時に配信をするなど）

もちろん覚えてもらうためでもあるのですが、これが積み重なっていくと、楽しみに待ってくれる方が出てきやすくなります。

あなたの手紙だけを読んるわけではない可能性もありますので、それも踏まえて、配信時間には統一性を持たせていきます。

その3　一日に何回送ればいいのか？　一週間に何回送ればいいのか？

色々と疑問が出てくるかと思いますが、それは人によって違いますしジャンルによっても違います。

当然ですが、無理してまで配信することもありません。

例えば、株関係のお手紙なら、一日に何回も送っていいでしょうし、教育関係なら一日に一回でも、三日に一回でも問題ありません。

メルマガとして見てしまうと悩みが出てしまうものですが、対面として見たら接触回数が多い方が、相手とも仲良くもなりやすいですよね？

あまり難しく考えず、お互いにとって無理のないペースで配信すれば大丈夫です。

読者さんをほったらかしにしないことが大切です。

その4　手紙を配信していると、必ず気になってくるのが読者さんのメルマガ解除だと思います。

せっかく登録してもらえたので、解除されたくない気持ちはすごく分かりますが、そもそも、お手紙は解除されるものだと思っていてください。

登録したことを忘れて中身を見ないままで解除する方もいますし、普段から複数のメルマガを購読している方だったら、メールを整理するために解除しているかもしれません。配信していなくても、何かしらの理由で解除されるものです。

このように理由は人それぞれですから、解除されることに対してヘコむことは全くありません。

読者さんに解除されないように遠慮して書く必要もありません（ここはすごく大切です。）自分を出して大丈夫ですからね！

編集後記の中で、腹が立った出来事を書いても構いません。素直に感情を出すことで嫌われることもあるかもしれませんが、逆にその価値観に共感してくれる方も生まれます。

読んでくれる方はずっと読んでくれますから安心してください。

その5　文章の長さってどのぐらいがいいのだろう？　という疑問が生まれるかもしれませんが、僕はどちらが良いなどはないと思っています。

文章の長さよりも、あなたが読者さんに今日伝えたい内容をまとめて書く中で、長くなるのか？　短くなるのか？　だけだと思います。ちなみに僕は毎回めちゃくちゃ長いです（笑）。

あまり文章の長さに関しては難しく考えなくても大丈夫です。自分のリズムでOKです。

こちらの感覚よりも読者さんが長すぎると疲れて読まない方もいますし、短すぎて伝わらないと感じる方もいるわけです。

これらを踏まえて配信者側が意識をもって書いていけば、読者さんからの感想・相談数、URLのクリック数なども含め、直接対話をしなくても読者さんが教えてくれるものです。お互いにとって気持ちが良い空間を作れるように、コミュニケーションを欠かさないことが大切です。

その6　関係性についての最後にお伝えしたいのが、お手紙を配信していると批判のメール

が届くことがあります。これは、どんなにすごい方も通ってきた道だと思ってください。

メルマガは感情が伴うものなので仕方がない部分です。

批判のメールが届いてしまったことで、これからの内容に自信が持てず配信が出来なくなる方もいらっしゃるのですが、大丈夫です！
もちろん、悲しい気持ちになってしまうこともあるかもしれませんが、批判のメールも、コミュニケーションの一つなのです。

一般常識を踏まえた上での内容に対しては、そこから濃いファンになってくれる可能性もありますので丁重に返しましょう。

批判のメールの全てが同じだとは言えませんが、メルマガは不要ならいつでも解除することができます。

時間を使ってメールを送ってくれているわけですから、これから配信する上での学びにもなります！　仕事でも同じですよね。お客さまが教えてくれることは、自分の成長に繋がるので大丈夫ですから、怖れないでくださいね！

「二対六対二の法則」があるように、この世にはあなたのことが好きな方が二割、普通の方が六割、嫌いな方が二割います。

名前も、挨拶もない中で、頭ごなしに内容だけを送ってきた、あなたのことが嫌いな二割の人からの批判のメールなのだろう……

逆に、一般常識がある中で送られる、普通の方の六割の人から送られたのだろうな……と、まずはフラットに受け止めてください。そこから平常心を保ち、丁寧に返せば大丈夫です！

ただ、いたちごっこになる可能性もありますので、批判を批判で返すことだけはやめてくださいね。常識がない内容は無視していいですから……。

仮に文面の中で「みんなそう思っていますよ！」と書かれても、送られた方はそう思っていても全員が同じわけではありません。気にしなくても大丈夫ですよ！

まぐまぐの配信スタンドより、独自配信スタンドを選ぶ

著名人の方も利用している大手の無料メルマガ配信スタンドに、「まぐまぐ」さんがあります。

メールの到達率も良いですし、読者数が増えても配信数に制限がありませんので「まぐまぐ」さんをメインで利用している方も多いです。

無料で使えるのですが、同じジャンルで配信している別の方のまぐまぐメルマガに登録され

る怖れがあるので、同じジャンルで配信している方が多ければ多いほど自分の手紙を見られる機会が減りますし、反応が落ちて解除も増えます。

無料なので自分が配信する手紙の中にもはじまりとおわりの部分に、まぐまぐ広告が入りますから、その広告へ飛んでいかれる可能性もあります（有料で広告は外せます）。

また、まぐまぐさんを利用すると、自分で読者の管理が出来ないのと、〇〇さんという名前の差し込みを入れて配信することが出来ません。

さきほど、絶対数の部分でお話ししましたがE-BOOKを含め、色々な所で集まったメールアドレスを自分のメルマガに代理登録をしようとするとき、まぐまぐさんの場合は、事前に代理登録申請を行う必要があります。

詳しい説明はまぐまぐさんのページをご参照ください。

http://www.mag2.com/sv/more_readers/dairi/

それでは、独自配信のスタンドはどうか？　と言いますと、ほとんどが有料です。ただ、まぐまぐさんにはない便利な機能が沢山ついていますし、有料でも代理登録は自由に行えます。

機能を使う上でランニングコストを比べても、独自配信の方が結果的にまぐまぐさんよりも安くなります。表面的な部分で比較すると、こんな感じになるのですが、

僕は独自配信の方をオススメします。

一番シンプルな理由としては、読者管理や名前の差し込みが出来るという部分よりも、まぐまぐさんと違って限りなく自分のお手紙しか読んでいない方を読者にすることが出来るからです。

また独自配信スタンドは、本当にたくさんあるのですが、全てが同じ機能を備えているかと言うとそうでもありません。

毎月の利用料が安くても月の配信数に制限があったり、次にお話ししますがステップメール機能の有無、楽天やアマゾンみたいな長いＵＲＬを短縮ＵＲＬに変換できる機能の有無、クリック測定機能の有無、複数のメルマガ運営の有無があります。

これら基本的な部分を網羅して、毎月の値段もリーズナブルな配信スタンドの一つに「リイメール」さんがありますので、僕はこちらの配信スタンドをオススメしておきます。

http://www.y-ml.com/function.php

独自配信機能の中で便利なのが、手紙の中に掲載したＵＲＬをどれだけクリックしてくれたのか？　を確認できる「クリック解析機能」です。

(まぐまぐさんの場合は、別の所から有料で用意する必要があります)

これは関係性がどれだけ出来ているのか？　の目安にもなりますし、読者さんが興味をもつ内容などを確認する上でも非常に重要な役割を担います。

特に最初のうちは、毎回の配信内容に対して自分が思っている期待値と読者さんの反応は違いますので、この距離を縮めていく上でも役立ちます。

またお手紙の中のどこにＵＲＬを掲載した方が、クリックをしてくれるのか？　なども分かります。

補足として、商品を紹介するためのＵＲＬを複数掲載する場合は、最高でも三個ぐらいに留めておきましょう！（しつこいと嫌われます）

高単価の商品やリピート率を生み出すステップメール

●ステップメールが生み出す効果

ステップメールとは？（まぐまぐさんの機能には付いていません）

あなたが自動で設定をした数通のメールを、パソコンの前にいなくても、**自動で送ってくれる機能**です。

例えば、美容師さんがステップメール機能を使うのならば、「あなたの髪をいつまでも綺麗に保つために自宅で出来る７つの秘密」みたいな講座のステップメールを作成して、メルマガの登録を促すことも可能です！

Ｗｅｂサイトを運営していく中で、色々なシナリオを作成してどれが人気なのか？　の調査をする上でも非常に役立ちます。

登録後⇩自動返信メール（このとき、同時に現在配信しているメルマガにも登録させて頂きますという説明をしておくと、通常のメルマガにも登録して配信してＯＫです）

毎日送るように設定してもいいですし、二日後に一通目のメール、四日後に二通目のメール、五日後に三通目のメールなど、自分で配信ペースを設定することも可能です。

ざっくりと、ステップメールの機能は理解したけれど、どんなシナリオを組んでステップメールを作ればいいのか分からないと思います。なぜならステップメールの専門家ってあまりいないからです。

松原さんからメルマガのことを学んだ後、このステップメールを勉強するために紹介してもらった方がいますが、名を上野健一郎さんと言います。

上野さんは、ネットコンサルタントのコンサルをしているマーケッターなのですが、ステップメールを熟知した専門家でもあります。

今回僕が上野さんに叩きこまれたステップメールの使い方をお伝えしておきますので**特にネット通販を行われている方は、必ずステップメールを導入してください。売り上げが倍になりますので……。**

余談ですが、弊社の自社キャンペーンを行い、二日で三二〇〇万円を売り上げたときに作った初めてのステップメールは、上野さんの指導を受けながら下書きが二四六通にもなっていました。

しかし、修正を重ねて売れるシナリオが完成したステップメールがあると、商品が売れた後の付加価値商品が面白いように売れるようになっていきます。

本腰を入れてステップメールを作っている企業や個人事業主の方は非常に少ないです。実際にコンサルしていると、こういうお話がよく出てきます。

「いや～松野さん、新規の集客はもちろんなんだけどね。そもそも、リピーターが生み出せないのが悩みなんだよね～」という内容です。

「今、ステップメールを使っているんだけど、これがうまくいかなくてさ～」という内容は、一言も出てきません。もちろん知らないのもあると思いますが、それぐらいメールの機能を有効に活かしきれていない方が、圧倒的に多いのが現状です。

あなたもネットで商品を購入された経験が一度はおありと思いますが、購入したときって、メールの受信ＢＯＸに「お申込みありがとうございました！」という返信メールが流れてくると思います。

その数日後、「〇〇さま、本日商品の発送を致しました。到着までしばらくお待ちください。この度は〇〇サービスをご利用頂きましてありがとうございました！」で終わりです。

この後のアフターフォロー（ステップメール）がないからこそ、チャンスロスが発生して、リピーターが生まれてこないのです。

さきほどの美容師さんを例にすると、Ｗｅｂサイトを通じて商品紹介ページからシャンプーを購入してもらったとします。

先程お伝えしたように、定型文みたいなメールだけで完了するのではなく、商品到着後を想定して、ステップメールを数日に分けて組み込んでおくべきなのです。

1、商品はお手元に届きましたでしょうか？
2、商品の使い後心地はどうでしたか？
3、多くのお客さまに愛されている理由
4、使い心地を実感してもらうためには、こんな方法もあります
5、私も昔はこういう苦い思い出があります。
6、こういう不安があるときは、この商品と併用されるお客様も増えています

こういうシナリオを組んでステップメールを組み込んでおけば、あなたがパソコンの前にいなくても購入者のフォローが出来るのです。

またシャンプーを購入してくれた方が、どのステップメールで解除をしたのか？も分かりますので、仮に三日目のメールで解除されることが多いのならば、そこを修正して次に活かしていきます。

このようにトライ&エラーを繰り返すことで、自分達しか出来ない魅力的なシナリオを作っていくことが非常に大切です。

今まで機会損失になっていた部分を、ステップメールで補いながらリピートを生み出すことが比較的簡単に出来るのですから、これを複数のメイン商品ごとに組み込んでいけば、もっとリピーターは増えていきます。

ここまで親切にフォローメールが届くならば、購入した方も嬉しくなると思いませんか? 信頼性が増すので通常配信のお手紙の精読率も高くなります。

通常のお手紙から、別の商品を提案しても迷わず購入して頂ける機会も増えていきます。なぜなら既にファンになっているからです。

こういう部分に力を入れていくと、ファンの方達が勝手に商品をはじめ、お店の対応や感動したことを、自分のWebサイトやソーシャルメディアを使って、あなたがお願いしなくて

通常の返信メール（ファン化しにくい）

ご経験があると思いますが、インターネットから何か商品を購入したとき、
メールの受信ＢＯＸに

「お申込みありがとうございました」

という返信メールが流れてくると思います。
そしてその数日後、

「本日商品の発送を致しました。到着までしばらくお待ちください。
この度は○○サービスをご利用いただきましてありがとうございました」

で、やりとりは終わり。

販売後のアフターフォロー（ステップメール）が何もないからこそ、
チャンスロスが発生して、リピーターが生まれてこないのです。

ステップメール（ファン化しやすい）

※ブログやホームページを通じて、シャンプーを購入してもらったとします。
（自動返信だけでやり取りを完了させるのではなく、ステップメールでフォロー）

商品はお手元に届きましたでしょうか？

↓

商品の使い心地はどうでしたか？

↓

多くのお客さまに愛されている理由

↓

使い心地を実感してもらうためには、こんな方法もあります

↓

私も昔はこういう苦い思い出があります

↓

こういう不安があるときは、この商品と併用されるお客様も増えています

も勝手に広めてくれるので、認知度も上がり売り上げも比例してくるのです。

●シナリオの作り方には順序がある

シナリオのテーマに対して「知りたい・購入したい」という欲求度は変わるのですが、ステップメールのシナリオパターンには、七日パターン、一四日パターン、二一日パターンがあります。

関係性の維持を考えるのならば、二一日パターンで作るのが一番良いのですが、具体的な部分を一つずつ書いていくと、一冊の本になってしまうので今回は基本の部分をメインにお話しします。

ただ、なぜ？　一四日、二一日パターンがあるのだろう？　七日ぐらいがベストなのでは？と疑問に思う方もいらっしゃると思うので簡単にご説明をすると、さきほどの美容師さんだったら、

「髪を綺麗に保つために自宅で出来る七つの秘密」に対して自分の意志で購読の申し込みを

したとしても、関係性が出来ていない状態の中では、人間の心理上、開かない、読まない、信じない、行動をしない、理解をしないの五つの壁があります。だからこそ、長い時間をかけて「想い」や「価値」を伝えて知ってもらう必要があるんですね！

欲求度が高いものであれば、七日パターンで大丈夫です！（これを基本として慣れていく）

シナリオを書く上で忘れないでほしいことがあります！

それは、どんなときも「あなたからのお手紙」だということです。

どちらにしても精読率を高めるためにシナリオを作っても、必ず修正が必要になるのですから、最初から綺麗・丁寧に書こうと思わなくて大丈夫です！

相手のことを考えながら、自分の想いを大事にして書いていきましょう。

毎回の配信の中には、最後までメールが途切れないように編集後記などを使って、次回はこういうお話をしますという内容を、必ず明記して意識付けを忘れないようにしてください。

また、ステップメールもお手紙のときと同じように、配信する時間帯は統一性を持たせて配信をしましょう！

それでは七日間のシナリオ構成をお伝えします。

一日目　テーマの目的を伝える（興味付け）
二日目　目的を伝え直す（復習）
三日目　あなたの理念を訴える（伝える）
四日目「怖さ、不安等からの問題点喚起」から商品がもたらす背景の価値
五日目　お金の価値
六日目　商品価値の説明や付随する価値
七日目　サービス・クロージング（商品の提案）
七日目がクロージングにはなるのですが、実はここで完了させてはいけません。

たくさんのお申込みをしてくれた場合でしたら、一日ぐらい空けてからお申込みへの感謝の

気持ちや、自分の想いなどを再度届けてあげると、申し込みを考えていらっしゃる方のキッカケにもなります。

ひょっとしたら、たまたま七日目のメールを見る機会を逃した方もいらっしゃるかもしれないので、七日後からのメールも一、二通はぜひ送ってあげてください。

これらを念頭において、シナリオを組んでみてください！　最初は難しいと思いますが、ちゃんと慣れていきますので、大丈夫です。

リピーターを生み出すためにも、ステップメールは必須項目の中でも高い位置にありますので、繰り返し実践してくださいね。

ステップメールをやっていくと実感すると思いますが、登録した方々から「本当にありがとうございました」「今日のメールは感動した」「自分もそう思います」「一気にファンになりました」などのメールが届くようになっていきますので、

たとえ準備に時間がかかっても、ライバルが力を入れていないからこそ作りあげてください
ね！　大きな成果は底辺が出来ているか、出来ていないかにかかっています！

繰り返しますが、本来はリピーターを生み出す仕組みを作ってから新規顧客を集める開拓を
していかないといけないのですが、逆のパターンがほとんどなんです……。
どうか、忘れないでくださいね！

クライアントの声

GLADNINE チーフ　本多周治より
松野さんと出会って二年が過ぎます。

私も販売者として、
購入者さまにメール通じて、さまざまな情報を配信するのですが
メールを開いてもらうための開封技術や、ＵＲＬをクリックして頂くための

技術なども必要になっていきます。
ただ、このような技術は、何度もメルマガを書いて行くうちに、
少しずつ身についていくのですが、
一番大切なことはメルマガ配信者による内容の一貫性です。

本書でも書かれているこの一貫性がないと、
ただの「自己満足メール」になってしまうのです。
ただのメールでは、読者さまの心は動きません。

だからこそ、メルマガをするにせよ、ステップメールにしろ
ブレインダンプやリサーチなどが必要になります。

なぜ、私がこれだけ言えるかと言いますと、私は松野さんにメルマガの「あり方」について学びました。

私が書いた文章を提出しては、訂正のメール返信ではなく動画にして送って頂き、何度も修正をしてきました。なぜ、あれだけ修正を受けたのか？

今ならよく分かります。

本書に書かれている「関係性の維持」が抜けていたからです。

個人事業主さまも、中小企業さまも、メルマガは関係性の維持を保つ上では、非常に有効な媒体になりますので、活用しない手はありません。

あなたの「メルマガ」が、読者さまにとって「お手紙」に変わっていく大切なことが、今回の書籍の中には詰まっていますので、

実践で躓いたら繰り返し読んで、そのときの気づきを増やして
次に生かして頂けたらと思います。

第5章のまとめ

- ●メルマガの役割はコミュニケーション活動、売るときだけに使わない
- ●メルマガではなくラブレターの意識を持つ
- ●ネタ元はブレインダンプから見つける
- ●ステップメールの仕組みを理解して、付加価値の提案を自動化させる

最終章

非効率の先に生まれるものが「新しい価値」

四つの柱を組み立てるのは等身大のあなた

ネット集客で行うことは、リアルに店舗を組み立てる作業と変わりません。

しかし、別物だと考えている方が非常に多いですね。

もちろん、バーチャルな部分を見れば別物と言えるのかもしれませんが
そういう部分を議論したり、伝えたいわけではありませんので、ご了承ください。

別物として考えるのではなく、あなたのWebサイトを見るのも、あなたが実際に
会うのもロボットではなく「人」です。

例えば、これから出会う誰かが、あなたのWebサイトを先に見たとします。

その後に実際のあなたと会ったときの印象や、価値観が、あまりにもWebサイトとかけ離

れてしまったら非常にもったいないです。

一つ目の柱に、設計図からの組み立てがあります。
二つ目の柱に、デザインで魅せる部分があります。
三つ目の柱に、ソーシャルメディアでの導線があります。
四つ目の柱に、メールマガジンで顧客との関係性の維持があります。

基本的に、これら四つから生まれる出逢いや繋がりは、インターネットの割合が圧倒的に多いからこそ、面倒くさいと感じる部分を見直してみたり、もう一度非効率な部分からはじめていく必要があります。

特にWebサイトをはじめ、ソーシャルメディアやメルマガなどを運営はしているけど今までが、バラバラになっていたのであれば、リピーターを生み出すためにもぜひ一つの形として物事を考えて取り組んでください。
意識して、どうか一歩ずつがんばって頂けると幸いです。

この四つの柱を支える最後となる五つ目の柱は等身大の「あなた」になります。
全ての軸は相手の悩みに対して、自分のフィルターを通していきます。
あなたが目の前にいる人と向き合っているときと同じように、あなたの分身となるWebサイトも、目の前にいる人と真摯に向き合っていないといけません。

これから、この五つの柱を支えてくれるのは、いつもあなたの周りにいてくれる人達です。

あなたが作った強い柱達から生まれるものに対して、どれだけの方が集まってきてくれるのかは、普段からの取り組みや関係性の維持で決まっていきます。

そのためにも設計図を組んで戦術の前に、戦略を描かないといけません。
勝ち組、負け組に分かれる時代と言われていますが、
どんな時代になっても負けない戦い方をするだけです。

今はあなたがメディアになれる時代なのですから！

あとがき

最後までお付き合いを頂きまして、本当にありがとうございました。
今回、新装版としてテコ入れをさせて頂きましたが、
やはり数年間が経過しても「やるべきこと」は変わらないなと、改めて実感しました。
唯一、修正が必要だったのは、facebookぐらいです。

これからはじめる方も、これから手直しをされていかれる方も
大切なのはお客さまと関係性を作り、関係性を維持することです。

四つの柱を軸にして、この気持ちを忘れずにあなたが取り組んでいけば
宣伝費にお金をかけずとも、ネットでの集客も、販売もうまくいくはずです。
あなたが面倒だな……と思うこと、それはライバルも同じです。

そこから一歩、二歩先へ進むためには非効率なことを徹底していくことです。
関係性の維持さえ保つことが出来れば、お客さまも必然的に増えていきます。
この状態が生み出せたら、BtoBやBtoCなども不要になります。
つまり、マーケティング自体が要らなくなるのです。

なぜなら、あなた（企業・個人事業主）がリーダーとなり、周りの方が勝手に付いていきてくれるからです。

強固なコミュニティが出来上がるので販売戦略などを組むこともなく必要なときに、いつでも提案をするだけで人が集まり、物も売れます。

夢を夢で終わらせるのではなく、夢を叶えるものは現実の積み重ねに過ぎません。

国内にネット集客本って、数えきれないほど存在していますが、ここまで設計の部分からかみ砕いてご説明をしている書籍はないと思います。
もっと弊社からの情報を知りたい場合は、「感動集客」で検索して頂ければ幸いです。

今回、ＧＩＭＰなどをはじめとした使い方動画に関しましては、最後のページにＵＲＬを掲載しておりますので宜しくお願いいたします。

数ある本の中から、手に取ってくださったあなたに心から感謝を申し上げます。本当にありがとうございます。

そして師匠でもある（株）Ｂｉｎｄ代表の松原さん、クライアントの皆さん、塾のスクール生の皆さん、そして弊社の本田和彦、スタッフの皆さん、いつも支えてくれる家族のみんな、本当にありがとうございます！

最後となりますが、この本を書くキッカケをくださった（株）人財育成ＪＡＰＡＮ代表の永松茂久さん、出版元のＫＫロングセラーズ真船常務に厚く御礼を申し上げます。

昨日の自分を超えていこう！

（株）感動集客代表・松野正寿

〈今日から使える配布物一覧〉

パソコンの作業効率化、

facebook 広告出稿動画

いいね！　の法則マニュアル

ＧＩＭＰの使い方動画

〈こちらからダウンロードをお願い致します〉

http:// 感動集客 .jp/present.html

ID kandohonda

PAS matsunosyukyaku

〈有料販売物〉

Google アナリティクス活用術

http://analytics-katsuyou.jp/kandosyukyaku/

Google サーチコンソール活用術

http://searchconsole-katsuyou.jp/kandosyukyaku/

ネット集客でお客様を集めるには
どうすればいいですか？

著　者　株式会社 感動集客
発行者　真　船　美　保　子
発行所　ＫＫロングセラーズ
〒169-0075　東京都新宿区高田馬場2-1-2
電　話 03-3204-5161(代)

印刷　中央精版印刷　　製本　難波製本

ISBN978-4-8454-5015-2
Printed In Japan 2017